회계학 세무사에게 기로를 묻다

상속·증여·금융·기업 세무

송경학 세무사에게

길을 묻다

초판 인쇄	2014년 6월 2일
초판 발행	2014년 6월 10일

지은이	송경학
펴낸이	김광열
펴낸곳	㈜스타리치북스

출판책임	이승은
책임편집	이혜숙
출판진행	한수지
출판기획	㈜스타리치북스
디자인	㈜퍼지컴인쇄
일러스트	배정모
교정교열	여성희
경영지원	김충모 · 김문숙 · 이광수 · 김은진 · 문성연 · 손연주 · 심두리
	명수인 · 공잔듸 · 권다혜 · 한정록 · 김지혜 · 김은지

등 록	2013년 6월 12일 제2013-000172호
주 소	서울시 강남구 역삼동 837-9 한진빌딩 5층
전 화	02-2051-8477
홈페이지	www.starrich.co.kr
스타리치북스 페이스북	www.facebook.com/starrichbooks
스타리치포럼	http://cafe.naver.com/starrichforum

ISBN	979-11-951158-7-7(13320)

값 20,000원

송경학 세무사에게

기로를 묻다

상속·증여·금융·기업 세무

송경학 지음

세무
리스크

StarRich
B o o k s

저자는 세무사로서 수년 간 기업 CEO, 금융 자산가, 부동산 자산가들을 접하였다.

그들이 건강하게 기업을 운영하고, 자산을 일구는 모습들이 너무나 아름다웠다.

그들에게 이 책을 통하여 조금이라도 도움이 되고 싶다.

2014 저자 宋京學

I Contents

01 | 새우가 고래를 삼키다

01_

CEO는
하루도 편할 날이 없다

세무 전문가로 일하다보니 중소(중견)기업 CEO를 만나 이야기를 나눌 기회가 많은데, 그때마다 그들에게서 많은 고민과 회환이 느껴진다. CEO의 필수 덕목이라고 일컫는 재무구조 개선과 인력 관리, 기업 문화 창출, 인맥 관리, 재충전이라는 말들은 중소(중견)기업을 경영하는 CEO에게는 딴 세상 이야기다. 당장 눈앞에 쌓여 있는 문제들을 해결하는 것만으로도 벅차기 때문이다.

언제나 부족한 운영자금, 직원들의 잦은 이직으로 인한 배신감, 대기업 등에 종속적인 '을'의 관계에서 발생하는 정신적 공황, 그래도 가족을 위하여 살아남아야 한다는 사명감과 나도 성공할 수 있다는 위로감이 담배 한 모금과 소주 한 잔에 적당히 섞여 하루 속에 묻힐 뿐이다.

대부분의 CEO는 하루도 편할 날이 없다. 하루도 힘들지 않는 날이 없다. 지금까지 저자는 세무사로서 수많은 CEO를 만나왔다. 그래서 그들이 어떤 아픔과 고통을 짊어진 채 기업을 운영하고 있는지 너무도 잘 알고 있다. 심지어 젊은 나이에 세상을 떠나는 CEO들도 많이 보아왔다.

그러나 저자가 해줄 수 있는 일은 거의 없었다. 저자 역시 자기 앞가림도 못하는, 아직은 규모가 작은 회사를 운영하는 CEO에 불과했기 때문이다. 저자가 그들에게 해줄 있는 것은 다년간 기업 CEO 및 자산가들의 세무컨설팅을 한 경험을 되살려 곧 닥칠지도 모를 세무적인 위험으로부터 그들을 보호하는 일이었다. 적어도 세무 관련 일에서만큼은 저자가 그들을 도와줄 수 있을 것 같다. 이 책을 통해 전달되는 저자의 세무 지식이 많은 중소(중견)기업 CEO들에게 힘이 되기를 바란다. 새우가 고래를 삼키는 일이 없도록……

02_
수백억 상속세가 기업을 삼키다

상속세로 인한 회사 매각 사례

　세계 1위 손톱깎이 업체였던 쓰리세븐. 창업주 김형규 회장이 2008년 갑자기 유명을 달리하면서 회사는 패닉 상태에 빠졌다. 사망 2년 전

부터 가족과 임직원들에게 증여한 주식 240만여 주, 370억여 원어치가 김 회장의 사망으로 일거에 상속이 돼버린 것이다.

상속세는 일부 금액을 제외하면 50%를 내야 하므로 유족과 직원들은 약 150억 원을 급하게 마련해야 했다. 하지만 그 큰돈을 당장 어떻게 마련할 수 있었겠는가? 결국 회사를 울며 겨자 먹기로 팔아버릴 수밖에 없었다. 지난 2013년 1월 대통령직 인수위원회에서도 이 사례는 크게 다뤄졌다.

상속세로 인한 회사지분 물납 사례

육가공 업체인 E사의 대표는 2005년 선친이 갑작스레 별세했을 때를 생각하면 지금도 손에 땀이 난다. 가업을 물려받기 위해 막대한 상속세를 내야 해 어쩔 수 없이 본인 소유 빌딩까지 팔았다.

그렇게 하고도 자금이 부족해 물려받은 주식 중 일부는 세무서에 현물로 납부했다. E사의 대표는 "상속세를 내고 나니 정작 회사 경영 자금이 부족해지는 현실이 안타깝다"라고 토로했다.

대표이사의 갑작스런 사망에 따른
상속세 재원 부족 사례

 회사의 대표이사가 대부분의 특허기술을 보유하고 있던 안성의 유망한 중소기업 F사는 대표의 갑작스런 사망에 당혹스러움을 감추지 못하고 있다. 항상 건강하던 대표의 갑작스런 사망으로 어쩔 수 없이 대표의 배우자가 경영권을 승계하려 했지만, 대표의 사망 당시 회사지분 가치를 계산하여 막대한 상속세를 내야 한다는 사실을 알고 상속세 재원 마련에 망연자실하고 있다.

 경영권을 물려받은 대표의 배우자는 "상속세를 마련하기 위해서는 지분을 매각하거나 물납을 해야 하는데, 이 경우 M&A에 노출되어 경영권을 행사하기가 어렵다"라고 하소연한다.

가업상속공제 요건 위반으로
상속세 추징 사례

 자동차 부품업체 D사의 대표이사가 사망함에 따라 장남이 가업상속공제를 적용받아 가업승계를 하였다. 그러나 기업환경의 변화, 투자자금의

유치, 고용관계의 불안 등으로 인해 결국 가업상속공제 사후 관리요건을 10년간 충족하지 못하고 가산세를 포함하여 150억 원의 상속세를 추징당하였다. 사람들은 현재 우리나라에서 중소기업을 운영할 경우 가업상속공제 후 "상속세법에서 정한 사후 관리요건을 10년간 위반하지 않는다"라는 것은 기적에 가까운 일이라고 하소연한다. 오히려 이럴 줄 알았으면 미리 사전증여나 지주회사 등을 통하여 지분 구조를 사전적으로 정리했어야 하는 후회만 남는다.

* 출처 : 《한국경제신문》 2011년 6월 14일자 기사

03_

기업을
문 닫게 하는
자본주의 분배의 칼날

기업이 어려워진 데는 여러 이유가 있겠지만, 중소기업 경영자들은 하나같이 상속·증여제도에 문제가 많다고 입을 모은다. 우리나라 경제 초석을 다진 1세대 중소기업인들이 고령화되면서 최근 2세가 전면에 나서는 가업승계가 한창이다.

중소기업중앙회에 따르면 국내 중소 제조업 중 CEO가 60세 이상인 곳은 1만 4,615개(13%)로, 이들 대다수는 승계 절차를 한창 진행 중이다. 가업승계를 준비하는 CEO들이 가장 부담스러워하는 것은 상속·증여세다. 상속인의 사망을 기준으로 사망 전 재산이 이전될 때 부과되는 게 '증여세'이고, 사망 후 부과되는 세금이 '상속세'다.

우리나라 상속세율은 전 세계적으로 가장 높은 축에 속한다. 현행 세법상 최고 상속세율은 50%로, 경제협력개발기구OECD 국가 평균 최고 세율인 26.3%의 2배에 달한다. 우리나라와 비슷한 최고 세율을 가진 곳은 미국(55%)·일본(50%)뿐이고, 호주·캐나다·포르투갈은 아예 상속세가 없다. 출발선에서 누구나 공평한 기회를 제공해야 한다는 분배이념의 칼에 힘없는 중소기업들이 맞아 쓰러지고 있는 것이다.

2014년 주요 개정세법 안내

가업승계상속공제 대상범위가 매출액 2,000억 원 이하에서 3,000억 원 미만으로 확대돼 중견기업의 가업상속 시 상속세 부담을 덜 것으로 전망된다. 또한 가업 영위기간에 따라 최대 500억 원을 한도로 가업상속재산가액 전액을 공제하고, 그 대신 승계받은 자녀가 양도할 때 피상속인이 창출한 자본이득에 대해 양도소득세로 납부하도록 하는 자본이득세가 도입되었다(가업상속을 받은 상속인이 사망하여 다시 상속이 이루어지는 경우에는 재상속 당시 가업상속공제의 요건을 또 다시 충족하는 경우에는 가업상속공제가 적용된다).

한편, 그동안 문제점으로 지적되어 왔던 상속인 1인이 가업상속재산을 전부 상속받아야 하는 요건에 대하여도 유류분 반환청구 시에는 공동상속을 인정함으로써 제도적 개선이 이루어졌다.

또한 가업상속공제 대상을 상속인이나 그 배우자로 확대하였다. 지금까지는 법적 상속인인 피상속인의 자녀나 부모, 형제, 8촌 이내 친척만 가업상속공제를 받을 수 있었지만 앞으로는 상속개시 전에 2년 이상만 물려받을 가업에서 일했다면 며느리나 사위들도 가업상속공제 대상에 포함된다.

이외에도 가업상속 후 10년간 동일업종을 유지해야 한다는 조건이 유사 업종 내 전환을 허용하는 방법으로 완화되는 등 중소·중견기업의 가업 상속을 보다 용이하게 하는 방향으로 개편하는 내용이 포함되어 있다. 예를 들어 막걸리공장이 소주공장으로 전환되는 것은 허용된다.

한편, 가업상속공제를 받은 상속인이 상속개시일로부터 10년 이내에 정 당한 사유 없이 가업상속재산을 처분하거나 가업에 종사하지 아니하는 등 사후 관리의무를 위반하게 되면 가업상속공제액에 대하여 연차별 산 입률을 차등하여 경감하도록 하였다. 이에 따라 7년차 이내에 사후 관 리의무를 위반한 경우에는 전액(100%)을 상속세 과세가액에 산입하되, 8년차는 90%, 10년차는 70%, 10년차 이후에는 사후 관리가 종료되어 추징하지 않는다.

04_

독일이
히든챔피언 강국으로 거듭난
근본 비결은 '가족기업'

중소기업청에 따르면, 국내 기업 중 중소기업이 차지하는 비율은 99.86%이다. 중견기업은 0.04%, 대기업은 0.1%에 불과하다. 미국(0.04%)과 중국(4.21%), 일본(3.69%) 등 주요 선진국에 비해 중견기업의 비중은 현저히 낮다. 반면 독일은 중소기업이 89.1%, 중견기업이 10.56%, 대기업이 0.33%로 가장 선진적인 구조를 갖고 있다. 때문에 우리나라 기업 구조는 호리병 모양의 허리가 없는 '기형적 구조'라는 분석이 지배적이다.

독일식 가업상속제도는 업종별 제한을 두지 않을뿐더러 제도가 단순하면서도 간편하다. 독일 기업은 가업승계 이후 7년간 사업을 하고, 7년간 지급한 임직원 임금 합계가 상속 당시 임금 지급액의 700% 이상이면 상속세가 전액 면제된다. 덕분에 독일에는 200년 넘게 창업주

정신을 이어가는 기업만 1,500곳이 넘는다.

최근 국회 산업통상자원위원회가 중소기업중앙회에서 제출받은 자료를 분석한 결과 100년 이상 된 장수기업이 일본은 3,113개, 독일은 1,563개, 프랑스는 331개였다. 하지만 우리나라는 두산, 동화약품, 몽고간장 등 단 3개에 불과했다.

독일 기업 상속세제

대 상	기업 규모 제한 없음
공제한도	최대 100% 공제, 기업 규모 제한 없음
피상속인 요건	제한 없음
상속 후 의무	최대 7년간 기업 유지
사후 추징	위반기간에 따라 부분 추징

02 | 우리나라의 가업상속공제
지원제도를 말하다

01_

중소·중견기업
육성이 세수를 늘릴 수 있다

우리와 인접한 대만의 중소기업은 120여만 개로, 중소기업에서 생산하는 국내총생산GDP이 전체의 72%를 차지하고 있다. 중소기업의 진입 장벽도 낮아 매년 3~4만여 개의 중소기업이 새로 생겨난다. 이들 중소기업에 고용된 인구는 전체 고용인구의 95%로서 대만 경제의 핵심이라고 할 수 있다.

반면, 일본의 고령화 저출산은 매우 심각한 사회적 문제로 대두된다. 무엇보다 대부분의 부를 노인들이 가지고 있다는 점이 큰 문제다. 이들의 엄청난 돈들은 차곡차곡 은행에 쌓여 세상 밖으로 나올 줄 모

르고, 돈 없는 일본의 젊은이들은 실업자가 되거나 직장에 들어가더라
도 고시원만한 주택에서 월세로 생활하는 것이 태반이다. 우리나라도
그와 비슷한 양상으로 가고 있다는 것이 안타깝다.

우리나라는 수출로 먹고사는 나라다. 대기업이 수출을 주도하였으
므로 과거의 모든 경제나 조세 정책들은 대기업에 유리하게 집행되었
다. 이에 세계적인 신기술이나 경쟁력이 없는 중소기업들은 살아남기
가 어려웠다. 대만과 같이 우리 정부가 훌륭한 중소기업들을 적극적으
로 지원한다면 지금과 같은 위기도 슬기롭게 극복할 수 있을 것이다.

따라서 가업승계는 경영자가 수십 년간 쌓아온 기술과 경영 노하우
를 확실하게 보전함으로써 안정적인 고용을 유지 및 창출하고 국가 경
제에도 이바지할 수 있음에 의의가 있다고 할 수 있다. 또한 가업승계
를 미리 함으로써 후계자인 젊은 세대로 부가 이전되어 더욱 활발하게
경제 활동을 할 수가 있는 토대가 만들어진다. 여기에 경제 규모 확대
에 따른 세수 증가를 추가하는 것이 바람직한 정책일 것이다.[1]

---

1) 2013년 중소기업중앙회가 한국세무학회에 의뢰해 실시한 연구결과에 따르면, 업체당 평균 상속세
는 92억 4,500만 원으로 이를 전액 면제하더라도 대략 3.1년이 경과하면 기업의 법인세, 근로소득세,
부가가치세 등의 3년 누적납부액 91억 8,800만 원과 상쇄되는 것으로 나타났다. 이 말은 곧 정부가 당
장의 상속세를 면제해 중소기업의 원활한 가업승계를 도울 경우 3년 후부터는 세수 확보 면에서 더 유
리할 수 있다는 뜻이다. 이 같은 분석은 상당히 의미 있다고 할 것이다(일회성인 상속세는 전체 세수에
서 차지하는 비중이 0.79%에 불과한 반면, 법인세의 경우 22.84%로 상속세 및 증여세에 비해 각각
30배가량 많은 것으로 나타난다).

02_

현행
중소·중견기업에 대한
가업상속제도의 지원

우리나라에서 중소기업은 고용 시장의 87% 이상을 차지하고 있을 정도로 국가 경제의 핵심이다. 고령화가 빠르게 진행되고 있는 우리나라 실정을 생각해보면 가업승계를 통해 수십 년간 쌓아온 기술과 경영 노하우를 빠르게 전수하여 보전하는 것이 중요한 과제라고 할 수 있다.

끙!

휴~
승계를
서둘러야지

이에 따라 우리 정부는 국가 경제 성장의 주축인 중소기업 등의 가업승계 과정에서 발생하는 세부담을 완화하고 창업 지원을 통한 투자 활성화, 일자리 창출에 기여하도록 가업승계에 대한 세제 지원을 지속적으로 확대하고 있다. 또 2014년부터는 가업상속공제 대상기업도 종전의 직전연도 매출 기준 2,000억 원 이하에서 3,000억 원 미만으로 상향 조정하였다. 즉 대상기업들을 확대함으로써 중소기업을 졸업한 중견 장수기업들이 원활한 가업승계를 할 수 있도록 하고 있다.

　현재 가업승계를 지원하기 위해 '가업상속공제', '가업승계 주식 증여세 과세특례', '창업자금의 증여세 과세특례', '중소기업 주식 할증평가 배제', '가업상속에 대한 상속세 연부연납' 등 5가지 제도가 시행되고 있다.

가업승계 지원 제도

우리나라 현행 가업상속제도(2014년 기준)

대상	중소기업 또는 중견기업(매출 3,000억 원 미만)
공제한도	최대 100% 공제, 500억 원 한도
피상속인 요건	• 대표이사 재직 요건 　(가업 영위기간 중 50% 이상 또는 최근 10년 중 5년 이상) • 피상속인이 10년 이상 재직 후 상속인이 승계 및 재직 • 최대주주이자 발행주식 총수의 50% 이상 보유 (상장법인은 30%)
상속 후 의무	최대 10년간 유지, 유사업종 유지
기간별 추징률	7년 이내(100%), 8년 이내(90%), 9년 이내(80%), 10년 이내(70%), 10년 이후(0%)
사후 추징	가업용 자산 20% 이상 처분, 상속인의 지분 감소, 고용 유지 100%
지분 매각 시	자본이득세 도입(최초 취득가액은 피상속인 취득 당시 가액)

구분		가업상속공제 요건	가업승계 증여세 과세특례 요건
사전요건	개인 · 법인	• 개인사업자의 토지, 건축물, 기계장치 및 법인의 주식이 적용 대상	• 법인의 주식만 적용 대상
	가업 규모	• 중소기업 및 매출액 3,000억 원 미만 비중소기업	• 중소기업 및 매출액 3,000억 원 미만 비중소기업
	가업 업종	• 제조업, 건설업 등 영위 개인 · 법인	• 제조업, 건설업 등 영위법인
	가업 경영 기간	• 10년 이상 계속 개인 · 법인 가업 경영	• 10년 이상 계속 법인 가업 경영
	최대주주 지분	• 지분율 50% 이상 보유 (상장 30%)	• 지분율 50% 이상 보유 (상장 30%)
	피상속인 / 증여자	• 피상속인 거주자, 최대주주 중 1인	• 증여자 거주자, 최대주주 중 1인
		—	• 증여자 나이 60세 이상 부모
		• 피상속인 상속개시일 현재 가업에 종사	—
		• 50% 이상 대표이사 등 재직 또는 상속개시일 전 10년 중 5년 이상 대표이사 등 재직 또는 가업기간 중 10년 이상 재직 후 승계	—
	상속인 / 수증자	• 상속인 : 18세 이상 거주자 (또는 그 배우자)	• 수증자 : 18세 이상 거주자
		• 상속개시 일 2년 전부터 가업 종사, 단서 있음	—

구분		가업상속공제 요건	가업승계 증여세 과세특례 요건
사후관리	단독 승계·취임	• 상속인 1명이 가업 전부 상속(유류분 반환청구 공동 상속 인정)	• 수증자 1인만 특례 적용
		• 신고기한 내 임원 취임	• 신고기한 내 가업 종사
		• 신고기한부터 2년 내 대표 이사 등 취임	• 증여 후 5년 내 대표이사 취임
	가업 종사	• 상속인 10년간 대표이사 등 유지	• 수증자 10년간 대표이사 등 유지
		• 10년간 주된 업종 유지	• 10년간 주된 업종 유지
		• 1년 이상 가업 휴업·폐업 無 ※ 정당한 사유 있는 경우 제외	• 1년 이상 가업 휴업·폐업 無 ※ 정당한 사유 있는 경우 제외
	가업용 자산 유지	• 가업용 자산 10년간 80%(5 년간 90%) 유지 ※ 정당한 사유 있는 경우 제외	—
	지분 유지	• 상속받은 지분 10년간 유지 ※ 정당한 사유 있는 경우 제외	• 증여받은 지분 10년간 유지 ※ 정당한 사유 있는 경우 제외
	근로자 유지	• 각 사업연도 말 정규직 근로 자 평균인원이 기준연도 80% 이상 & 10년 후 정규직 근로자 평균인원이 기준연 도 이상	—
	요건 위반과 추징	• 상속세만 추징(이자상당액 추징 없음)	• 증여세 및 이자 상당액(가산세) 추징

가업상속공제 Q&A

1. 상속개시일 직전 과세연도 말 기준 중소기업 요건을 충족하면 되나요? *NO!*

상속개시일이 속하는 과세연도의 직전 과세연도 말 현재 '조세특례제한법(조특법)' 제5조 제1항에 따른 중소기업으로서 상속개시일로부터 10년 이상 소급하여 계속하여 중소기업에 해당하여야 하는 것이며, 일부 연도에 비중소기업에 해당한 경우에는 가업상속공제를 적용할 수 없다(상속증여-575, 2013.10.14).

※ 상속이 개시되기 직전 사업연도의 매출액이 3,000억 원 미만인 중견기업은 가업상속공제 적용.

2. 최대주주의 특수관계인의 주식 등을 합하여 50%(비상장사) 지분 보유 요건은 10년간 충족하여야 하나요? *Yes!*

가업상속공제를 적용받을 수 있는 법인 가업은 피상속인이 '상속세 및 증여세법 시행령' 제15조 제1항에 해당하는 중소기업 또는 규모의 확대 등으로 중소기업에 해당하지 아니하게 된 기업의 최대주주인 경우로서 피상속인과 그의 특수관계인의 주식 등을 합하여 해당 법인의 발행주식 총수 등의 100분의 50 이상을 10년 이상 계속하여 보유하는 경우에 한정한다(상속증여-579, 2013.10.14).

3. 피상속인의 대표이사 재직 요건에 상속인과 공동(혹은 각자) 대표이사로 재직한 기간을 포함할 수 있나요? *Yes!*

피상속인의 대표이사 재직기간 판단 시 피상속인이 상속인과 공동 (각자) 대표이사로 등기된 경우에도 적용된다(상속증여-77, 2013.04.26).

4. 10년 이상 계속하여 경영하였는지 판단 시 개인사업자로서 영위하는 기간도 포함되나요? *Yes!*

'상속세 및 증여세법' 제18조 제2항 제1호에 따른 가업을 10년 이상 계속하여 영위하였는지를 판단할 때, 피상속인이 개인사업자로서 영위하던 가업을 동일한 업종의 법인으로 현물출자에 의하여 신설하거나 법인 설립 후 사업양수도 방법에 의하여 전환한 경우로서 피상속인이 법인 설립일 이후 계속하여 당해 법인의 최대주주 등에 해당하는 경우에는 개인사업자로서 가업을 영위한 기간을 포함하여 계산한다(재산-412, 2010.6.21).

5. 금융상품은 가업상속공제 계산 시 사업무관자산인가요? *Yes!*

가업상속공제 적용대상 가업이 '법인세법'을 적용받는 가업인 경우 가업상속재산은 '상속세 및 증여세법 시행령' 제15조 제5항 제2호에 따라 다음 산식에 의하여 법인의 사업용 자산 비율에 상당하는 가액으로 계산한다.

> 가업상속재산(법인 가업) = 법인 가업의 주식가액 × (법인의 총자산가액 - 사업무관자산) / 법인의 총자산가액

여기서 법인의 영업 활동과 직접적인 관련 없이 보유하고 있는 주식, 채권 및 금융상품은 '사업무관자산'에 해당한다. 따라서 가업상속

이 발생하기 전에 저축성 보험 등의 장기 금융상품에 대한 활용 방안
을 미리 검토할 필요가 있다.

6. 배우자가 가업을 상속받는 경우 배우자공제도 가능하나요? *NO!*

동일 재산에 대하여 '상속세 및 증여세법' 제18조 제2항의 가업상속
공제와 같은 법 제19조 배우자상속공제를 중복 적용하지 않는다(법규
재산2013-65, 2013.03.29).

가업승계 증여세 과세특례제도 Q&A

1. 가업승계 증여세 과세특례제도는 30억 원 한도 내에서 기간에 상관없이 분할하여 증여가 가능하나요? *Yes!*

한 번 증여하거나 2회 이상 분할하여 증여한 주식 합계액이 30억 원
을 넘지 않는 경우 가업승계 증여세 과세특례를 적용받으며, 30억 원
을 초과하는 경우 해당 초과분에 대하여는 증여세 과세특례가 아닌 일
반증여로 과세된다(상속증여-548, 2013.09.11).

2. 가업승계 증여세 과세특례제도의 증여자는 반드시 가업의 대표이사만 가능하나요? *NO!*

가업승계에 대한 증여세 과세특례는 증여자의 대표이사 재직 요건을 필요로 하지는 않으나, 증여일 전 10년 이상 계속하여 부(父) 또는 모(母)가 가업을 실제 경영한 경우에 적용된다. 여기서 '경영'이란 단순히 지분을 소유하는 것을 넘어 가업의 효과적이고 효율적인 관리 및 운영을 위하여 실제 가업 운영에 참여한 경우를 의미한다(상속증여-585, 2013.10.28).

3. 부친은 10년 이상 가업을 영위하였으나 모친은 7년만 가업을 경영한 경우, 모친의 주식에 대하여도 가업승계 증여세 과세특례제도를 적용받을 수 있나요? *NO!*

종전에는 "부 또는 모 중 1인이 가업을 10년 이상 영위한 경우에는 부모로부터 증여받은 주식 모두에 대하여 증여세 과세특례가 적용된다"라고 해석하였으나, 2011년 9월 30일 이후부터는 부 또는 모 중 가업을 실제로 영위하지 않은 자로부터 증여받은 주식에 대해서는 과세특례를 받을 수 없는 것으로 해석이 변경되었다(재산-53, 2012.2.10).

4. 증여자인 최대주주가 복수인 경우에 모두 가업승계 증여세 과세특례제도를 적용받을 수 있나요? *NO!*

2010년 12월 31일 이전에는 최대주주가 각각의 자녀들에게 주식을 증여하는 경우 모두 과세특례를 받을 수 있는 것으로 보았으나, 2011년 1월 1일 이후 증여분부터는 수증자 1인에 대하여만 과세특례를 받을 수 있다. 예를 들면 중소기업의 최대주주로서 아버지가 80%, 작은 아버지가 20%의 지분을 보유하고 있던 중 작은아버지의 자녀가 가업 승계 증여세 과세특례를 받았다면, 아버지의 자녀는 과세특례를 받을 수 없다(재산-469, 2011.10.7).

5. 수증자가 주식을 증여받기 전 이미 대표이사인 경우에도 가업승계 증여세 과세특례제도 적용이 가능하나요? *Yes!*

'조세특례제한법' 제30조의6 제1항에 따른 증여세 과세특례 규정은 수증자가 가업의 승계를 목적으로 주식 등을 증여받기 전에 해당 기업의 대표이사로 취임한 경우에도 적용된다(재산-564, 2011.11.28).

■ 상속세 및 증여세법 시행규칙 [별지 제1호서식] <개정 2012.2.28>

가 업 상 속 공 제 신 고 서

가. 가업현황

① 상 호(법인명)		② 사업자등록번호	
③ 성 명(대표자)		④ 주민등록번호	
⑤ 개 업 연 월 일		⑥ 업 종	
⑦ 사업장 소재지		(☎:)	
⑧ 중소기업 여부	[ ] 해당 [ ] 해당 안됨	⑨ 상장 여부(상장일)	[ ] 상장(. .) [ ] 비상장
		⑩ 직전 사업연도 매출액	

나. 피상속인

⑪ 성명		⑫ 주민등록번호	
⑬ 가업영위기간		⑭ 대표이사(대표자) 재직기간	
⑮ 최대주주등 여부		⑯ 특수관계인 포함 보유주식 등 지분율	

다. 가업상속인

⑰ 성 명		⑱ 주민등록번호	
⑲ 가업종사기간		⑳ 임원/대표이사 취임일	
㉑ 주 소		(☎:)	

라. 가업상속재산 명세

㉒ 종 류	㉓ 수 량(면적)	㉔ 단 가	㉕ 가 액	비 고

마. 가업상속공제 신고액: 원

「상속세 및 증여세법」 제18조제3항 및 같은 법 시행령 제15조제11항에 따라 가업상속공제신고서를 제출합니다.

년   월   일

신고인   (서명 또는 인)

세무서장 귀하

제출서류	1. 중소기업기준검토표(「법인세법 시행규칙」 별지 제51호서식) 2. 가업상속재산이 주식 또는 출자지분인 경우에는 해당 주식 또는 출자지분을 발행한 법인의 상속개시일 현재와 직전 10년간의 사업연도의 주주현황 각 1부 3. 그 밖에 가업상속 사실을 증명할 수 있는 서류	수수료 없음

작 성 방 법

가업상속재산 명세 및 가업상속공제 신고액은 부표(가업상속재산가액 명세서)를 작성한 후 해당 금액 등을 적습니다.

210mm×297mm[백상지 80g/㎡ 또는 중질지 80g/㎡]

승경학 세무사에게 길을 묻다

[별지 제11호의7서식] <신설 2008.4.29>

가업승계 주식 등 증여세 과세특례 적용신청서	처리기간
	즉 시

1. 인적사항

수증자	① 성 명		② 주민등록번호	
	③ 주 소		(☎)	
	④ 증여자와의 관계		전자우편주소	

2. 증여자 및 가업승계 법인 현황

증 여 자 (가업법인 주식 등 증여자)		승계대상 가업법인 현황	
⑤ 성 명	(☎)	⑪ 법인명	(☎)
⑥ 주민등록번호		⑫ 사업자등록번호	– –
⑦ 주 소		⑬ 업종	(업태) (종목)
⑧ 가업법인의 최대주주여부	□해당 □해당하지 않음	⑭ 개업일	
⑨ 특수관계자 포함 보유주식수(지분율)	총 주 (지분율: %)	⑮ 발행주식총수	주
⑩ 가업영위기간	~	⑯ 중소기업 여부	□해당 □해당하지 않음
		⑰ 상장여부 (일자)	□상장(. .) □비상장

3. 가업법인 주식등 증여현황

⑱ 수증일	⑲ 수량	⑳ 수증 주식 등 지분율	㉑ 단가	㉒ 증여재산가액 (⑲×㉑)

「조세특례제한법」 제30조의6제3항에 따라 가업승계 주식 등 증여세 과세특례 적용신청서를 제출합니다.

년   월   일

신청인   (서명 또는 인)

세무서장 귀하

※ 작성방법
1. ⑧, ⑨, ⑬~⑰ 항목은 증여일이 속하는 사업연도의 직전 사업연도말 기준으로 작성합니다.
2. ㉒ 항목은 증여일 현재 「상속세 및 증여세법」에 따라 평가한 가액을 적습니다.
※ 구비서류
1. 가업법인의 중소기업기준검토표 (「법인세법 시행규칙」 별지 제51호서식)
2. 가업승계 법인의 증여일 현재와 직전 10년간의 사업연도의 주주현황 각 1부
3. 그 밖에 가업승계 사실을 입증할 수 있는 서류

210㎜×297㎜(신문용지 54g/㎡)

03_

2014년 중소기업 가업승계 대못을 일부 빼고 자본이득세 도입하다

2014년 세제 개편에서 가업승계에 대한 과세특례 범위도 확대되었다. 상속세 및 증여세법 제18조 제2항에는 10년 이상 경영한 매출 3,000억 원 미만 기업을 대상으로 재산가액의 100%를 500억 원 한도 내에서 공제하도록 해서 중견기업까지 가업승계를 보다 원활하게 하도록 하였다.

또 승계 뒤 10년간 같은 업종을 유지해야 감면해주던 것을 유사업종으로 전환할 때도 혜택을 주기로 했다. 현행법상 상속공제를 받은 기업은 10년간 세세분류에서만 업종 전환이 가능했다. 이 같은 법적 제한에 묶여 사양 산업을 끌고 가는 경우도 많았다. 이번에 세분류까지 영역이 넓어지면서 업종 전환이 자유로워졌다. 청주 제조업에서 막걸리 제조업으로 업종을 변경해도 가업상속공제가 인정되는 것이다.

　유럽식 가족경영을 가로막았던 1인 상속 규정도 바뀌어 '공동 상속'
이 가능해졌다. 한편, 10년 이상 가업 영위 요건 위반 시 8년차부터 단
계적으로 추징 세액을 경감하게 된다(경감률 : 8년차 10%, 9년차 20%,
10년차 30%).

　하지만 양도소득세 이월과세 항목이 추가되었다. 양도소득세 이월
과세란 가업승계를 받은 자녀가 향후 자산 일부를 매각하거나 경영난
으로 회사를 처분할 때 선대 경영 시절 발생한 양도차익에 대해서도
함께 양도소득세를 내야 하는 제도다. 이월과세 방식은 향후 자녀가
이를 준수한 뒤 자산 일부를 매각하거나 경영난으로 회사를 처분할 때
부담으로 작용될 전망이다. 상속세가 과세되지 않는 가업상속재산(최
대 500억 원)에 대해 추후 양도소득세를 과세함으로써 부의 무상이전
을 방지하는 것이다.

가업상속공제 확대 과정

상속개시일	공제대상	가업상속공제액	가업 영위기간별 공제한도
2007. 12. 31 이전	5년 이상 경영한 중소기업	가업상속재산가액	1억 원
2008. 1. 1~12. 31	15년 이상 경영한 중소기업	가업상속재산의 20%	30억 원
2009. 11~2010. 12	10년 이상 경영한 중소기업	가업상속재산의 40%	10년 이상 : 60억 원
			15년 이상 : 80억 원
2011. 1. 1 이후	매출 1,500억 원 이하 중소(중견)기업		20년 이상 : 100억 원
2012. 1. 1 이후			10년 이상 : 100억 원
2013. 1. 1 이후	매출 2,000억 원 이하 중소(중견)기업	가업상속재산의 70%	15년 이상 : 150억 원
			20년 이상 : 300억 원
2014. 1. 1 이후	매출 3,000억 원 미만 중소(중견)기업	가업상속재산의 100%	10년 이상 : 200억 원
			15년 이상 : 300억 원
			20년 이상 : 500억 원

※ 2014년 1월 1일 이후 상속인이 지분매각 시 자본이득세 과세함.

03 기업 CEO의 세무 어려움을 토로하다

- 명의신탁주식 편

01_

집 나간 명의신탁주식들,
이제는 되돌려
내 품에 안아야 한다

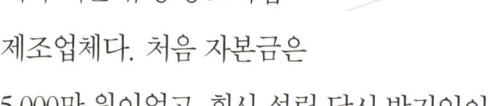

전문가?...

없지라잉...

업스예...

없다!

우야노?...

창원 지역에 위치한 E사
는 창립한 지 벌써 15년
째가 되는 유망 중소기업
제조업체다. 처음 자본금은
5,000만 원이었고, 회사 설립 당시 발기인이
7명 이상 필요하다고 하여 직원 4명을 발기인으로 추가하고 지분을
분배하였다. 즉 명의신탁된 주식이다.

현재 가업승계나 상속 문제를 정리하기 위해 명의신탁된 주식을 찾
아오려고 하지만, 여러 가지 세금 문제 때문에 결론을 못 내리고 있다.
또한 명의신탁된 주식을 분쟁 없이 가장 적절하게 처리할 전문가도 찾
기가 쉽지 않다.

명의신탁계약 환원 방법

구분	내용
회사 설립 시 자본금 납입 주체	명의신탁자 납입을 금융기관 자료로 입증
증자 시 증자대금 납입 주체	명의신탁자 납입을 금융기관 자료로 입증
배당 시 배당금의 귀속 주체	배당금의 회수 여부를 금융기관 자료로 입증

일반적으로 저자는 명의신탁주식에 문제가 생길 경우 위의 문제 사항을 검토한다. 이때 만일 명의신탁과 관련된 분쟁이 발생한다면 '명의신탁해지 소송' 또는 '주식명의개서 소송'을 통하여 명의수탁자의 소유 주식을 명의신탁자에게 환원하도록 하고 있다. 그러나 최근에 설립된 중소기업이 아니라면 위의 표에서 말하는 금융기관 자료로 입증하는 것은 매우 어렵다. 따라서 명의신탁임을 입증할 수 있는 다른 절차들을 정확히 진행해야 하며, 세무조사 시 대응할 수 있어야 한다.

명의신탁 환원 시 관련 세제 문제 검토가 필요하다

구분	관련 세제
증여세	명의신탁 인정 시 설립 당시 가액으로 증여세 증자 시는 증자 시마다 주식 평가액으로 증여세
양도세	양도로 처리 시 양도차익의 11% 세금 및 자금거래 입증
증권거래세	명의신탁 인정 시 해당사항 없음
지방세(간주취득세)	명의신탁 인정 시 해당사항 없음
배당소득세	배당 발생 시 명의신탁자는 수정신고, 명의수탁자는 경정청구
국세부과 제척기간	15년 경과 시 명의신탁에 대한 증여세 과세대상 아님

주식 이전 거래를 명의신탁계약 해지로 처리하는 경우, 실제로 명의신탁된 주식이라는 객관적인 사실관계를 입증하는 것이 세무상 최대의 쟁점이 된다. 일반적으로 과세관청은 명백한 증거가 없는 한 주식 이전에 대한 양도소득세를 회피하기 위한 수단으로 보거나 새로운 증여로 볼 가능성이 높아지므로 각별한 주의가 요구된다.

명의신탁주식이 상속세와 가업상속공제에 영향을 미친다

명의신탁된 주식에 배정된 무상주로서 자본준비금, 재평가적립금 등에 해당되는 무상주는 증여의제 규정이 적용되지 않아 명의신탁주식 환원을 하더라도 무상주 배정 당시 새로운 증여세가 과세되지 않는다.

한편, 명의신탁주식이 환원되지 않고 상속이 발생하는 경우 명의신탁주식임을 입증하게 되면 가업상속공제도 가능하다. 반면, 고의적으로 상속세를 줄이기 위해 명의신탁주식을 상속재산에 포함하지 않고 신고하는 경우 향후 명의수탁자가 권리를 주장할 때 명의신탁을 사유로 주식을 돌려받는 것은 매우 어려우며, 상속세 결정 시 부당 과소신고 가산세 40%가 적용된다. 저자의 경험에 따르면 명의신탁주식은 상속이나 가업상속 적용 이전에 명의신탁 환원과 관련된 세무 전문가의 도움을 받아 정리하는 것이 바람직하다.

명의신탁주식 환원 절차, 철저한 준비가 필요하다

명의신탁주식 환원 절차	기간
명의신탁의 실질 여부 검토	
회사 설립 시 설립자본금 실질 납입 검토	
명의신탁의 조세회피 여부 검토(증자 검토)	
명의신탁 당사자 소송 검토	
배당 시 배당신고서 수정신고 검토, 증여세 검토	
명의신탁 환원 절차 검토(주식명의개서 청구)	
명의신탁주식 변동신고(주주변동상황명세서 작성)	
명의신탁주식 변동 조사방어	9개월

✎ 실패 사례

1. 회사의 처리

1994년 회사 설립 시 CEO A씨는 상법 규정으로 인해 일부 지분을 직원에게 명의신탁하였다. 이후 상속을 대비하기 위해 명의신탁주식을 액면가액으로 매입하는 것으로 계약서를 작성하고 주식을 환수하였다.

2. 국세청의 대응

국세청은 이를 증여로 보고 상속 및 증여세법상의 방법으로 주식을 재평가하였으며, 이를 바탕으로 증여세 24억 원과 가산세 8억 원을 추징하였다.

3. 전문가의 의견

① 신탁주식 환수 시 상증세법상 평가방법을 사용하거나, 명의신탁 소송을 통하여 환수해야 함에도 액면가액으로 거래를 수행함으로써 가산세가 발생하였다.

② 증여의제 환수 시 세금 부담을 없애거나 최소화하는 것이 가능했음에도 불구하고 주변 비세무 전문가의 조언에 따른 잘못된 방법 적용으로 불필요한 세금 부담이 발생하였다.

주식 명의신탁계약서

명의신탁자 ○○주식회사 대표이사 ○○○(이하 "갑"이라 한다)와 명의수탁자 ○○주식회사 대표이사 ○○○(이하 "을"이라 한다)는 아래와 같이 주식 명의신탁계약을 체결한다.

제1조 【주식과 주주】

"갑"이 "을"에게 명의신탁하는 주식은 다음과 같으며, 형식상 주주는 "을"로 하나, 실질상 주주는 "갑"이다.

1. 주식발행회사명 :
2. 주식의 종류 :
3. 1주의 금액 : 일금 _____ 원정 (₩_____)
4. 주식의 수 : ○주
5. 주권번호(주식이 발행된 경우) :

제2조 【양도】

명의신탁한 위 주식에 대한 신주인수권, 배당청구권, 잔여재산분재청구권, 주주총회에 참석하여 투표할 권리 등 주주로서의 일체의 권리는 "갑"에게 있다. 발행회사가 주권을 발행하는 경우 "을"은 이를 "갑"에게 무상으로 양도하여야 한다.

제3조 【주주총회】

발행회사의 주주총회에는 "갑"이 주주로 참석한다. "을"은 필요한 경우 "을"이 발행회사나 그 명의대리인으로부터 통지를 받은 주주총회소집통지서 등은 즉시 "갑"에게 재통지하여야 하며, 필요한 경우 "갑"이 주주총회에 참석하기 위하여 주주총회대리인 참석 위임장을 작성하여 "갑"에게 교부하여야 한다.

제4조 【특약사항】

상기 계약 일반사항 이외에 아래 내용을 특약사항으로 정하며, 일반사항과
특약사항이 상충되는 경우에는 특약사항을 우선하여 적용하도록 한다.

1.
2.
3.

제5조 【기타 사항】

1. "을"은 명의신탁한 주식에 대하여 "을"은 "갑"의 허락 없이 명의신탁한
   주식에 대하여 임의로 주식의 양도, 질권의 설정, 신탁을 할 수 없다.

2. 명의신탁한 주식에 대하여 "갑"이 그 반환을 요청하는 경우에, "을"은
   무상으로 이를 "갑"에게 반환하여 주어야 하며, 해당 주식의 명의개서
   를 즉시 이행하여야 한다. 다만, 주식의 명의신탁과 관련하여 발생하
   는 제세공과금은 "갑"이 이를 납부하여야 한다.

위와 같이 계약을 체결하고 계약서 2통을 작성, 서명 날인 후 "갑"과 "을"이 각각
1통씩 보관한다.

계약일자 : 20   년   월   일

(갑) 주   소 :
    회 사 명 :
    대 표 자 : ○ ○ ○   (인)
    연 락 처 :

(을) 주   소 :
    회 사 명 :
    대 표 자 : ○ ○ ○   (인)
    연 락 처 :

02_

명의신탁주식 환원,
국가가 배려하다

중소기업의 명의신탁주식 환원, 쉬워진다

명의신탁주식 환원 문제는 가업상속을 준비 중인 기업들의 가장 큰 애로사항 가운데 하나로, 그동안 중소기업중앙회를 비롯해 중소기업계가 국세행정의 '손톱 밑 가시'로 개선을 요구했던 사항이다. 이에 국세청은 "중소기업에 대해서는 명의신탁한 주식의 정상 환원 문제를 요건에 부합되는지 검토한 후 신속히 처리할 수 있도록 관련 절차를 간소화할 것"이라고 밝힌 상태다. 향후 국세청이 명의신탁주식 환원에 대해 절차를 간소화하는 경우 중소기업 등이 명의신탁주식 환원 시 발생하는 비용을 상당히 절감할 것으로 예측된다.

국세청은 이에 대해 "실제 주식을 소유한 대주주로서 기업을 경영한 사실이 확인되는 등 일정한 요건에 해당하는 중소기업은 명의신탁 주식을 간편하게 실명 전환할 수 있도록 확인절차를 간소하게 정형화 하는 방안을 검토하고 있다"라고 밝힌 상태다. 따라서 중소기업 등 명 의신탁주식이 존재하는 경우 실질 명의신탁임만 확인이 된다면 간소 화된 절차에 따라 주식을 환원할 수 있게 된다. 하지만 실질 명의신탁 임을 확인받기 위한 전 단계로써 반드시 세무 전문가의 상담이 필요하 다. 또한 국세청이 후속조치로 발표할 명의신탁주식 환원 요건을 대 비할 필요가 있다.

명의신탁주식 환원 간소화 주요 내용

현행	창업 당시 명의 빌려준 발기인에게 주식 환원 및 실명 전환
	절차 까다로워짐
	금융거래 증빙서류 받거나 발기인 대상으로 소제기
개선	최근 2년간 경영사실 증명서류 제출
	명의신탁 입증
	주식 환원·가업상속공제 가능

04 | 기업 CEO의
세무 어려움을 **토로하다**

- 가지급금 편

01_

가지고 간 적도 없는 가지급금, 세금 폭탄으로

충남 아산에서 섬유코팅 유연제를 제조하는 C사의 대표이사는 요즘 고민에 빠졌다. 회사 설립 초기부터 몇 년간 기술개발 등에 투자하느라 적자가 나는 바람에 은행 등으로부터 대출을 받을 수밖에 없었다. 그래서 은행 거래 시 신용도 평가를 위해 재무팀장에게 법인세를 신고할 때 약간씩 이익을 내라고 말했는데, 이것이 화근이었다.

최근 대표이사는 재무팀장으로부터 회사의 가지급금 Suspense Payment 이 15억 원이라는 보고를 받았다. "내가 회사에서 가지고 간 기억이 없는데 가지급금이라니, 도대체 무슨 말인가?" 만일 가지급금을 처리하지 않으면 대표자에게 상여 처분으로 세금이 약 40% 과세된다고 한다.

은행 거래 시 신용도 평가를 위해
결손을 이익 처리한 것뿐인데…

앞의 내용은 법인 CEO를 대상으로 하는 세무 강의에서 흔히 듣는 질문이다. 쉬는 시간에 꼭 몇 명의 CEO가 찾아와서 '가지급금'에 대한 문의를 한다. 가지급금이란 한마디로 회사의 대표이사가 회사 돈을 자기 수중으로 가지고 갈 때 발생한다. 이 경우 회사는 회계 업무를 하면서 이 돈을 가지급금으로 처리한다. 회사가 어려워져 대표이사가 회사에 돈을 입금시킬 때 발생하는 '가수금'과는 반대되는 개념이다.

회사가 적자임에도 불구하고 은행 거래를 위해 이익을 낸다면 적자와 이익의 차이만큼 회사에 현금으로 남아 있어야 한다. 그러나 실질적으로는 적자이기 때문에 이익으로 처리한 금액만큼 현금이 없는 것은 당연하다. 따라서 어쩔 수 없이 가지급금으로 회계처리를 하게 되는 것이다.

부도나는 마당에
실질 가지급금이 아닌데도 세금이 부과된다니…

회사의 대표 입장에서는 이 문제가 제일 답답한 부분이다. 회사 돈이라고는 10원짜리 하나 써보지도 못했는데 수치상의 가지급금에 대해 세금이 부과될 수 있다니, 회사 대표에게는 마른하늘에 날벼락이나

마찬가지일 것이다. 이 경우
나중에 부도가 나거나 폐업
하여 회사가 청산되는 시점
에 대표자에게 상여 처분되어
세금이 과세되어지기도 한다.

　이러한 허수 가지급금이 존재하는
회사는 세무 전문가와의 상담이 필요하다.
그동안의 회사 적자 여부를 입증할 수 있는 증
빙서류 등을 검토하여 조기에 허수 가지급금을 정
리하고 가는 것이 향후 부당한 세금을 과세받지 않는 지름길이다.

가지급금으로 회사 돈을 빌려가도 횡령인가?

　"부산지법 형사합의5부는 회사돈 129억 원을 횡령한 혐의(횡령, 조
세포탈)로 기소된 건축설계업체 G사 대표 신모(61) 씨에게 징역 3년에
벌금 25억 원, G사에게 벌금 25억 원을 각각
선고했다. 신 씨는 건축설계와 감리
전문업체 G사를 운영하면서 가지
급금 명목으로 법인 계좌에서 돈
을 빼돌리는 수법으로 2007년부
터 지난해 10월까지 회삿돈 129

억 원을 횡령하고 법인세 20여억 원을 탈루한 혐의로 기소됐다."

　이것은 회사 돈을 회계처리상 가지급금으로 처리한다 하더라도 횡령에 해당될 수 있음을 보여준 사건이라 할 수 있다. 다음의 판례를 보면 대표이사가 회사 돈을 가지급금으로 처리하는 경우, 그에 따른 지급이자의 약정서와 변제기일의 약정서 그리고 실질 횡령 목적이 없는 자금의 대여인지가 중요한 판단 요소가 된다.

> 회사의 대표이사 또는 그에 준하여 회사 자금의 보관이나 운용에 관한 사실상의 사무를 처리하여 온 자가, 회사를 위한 지출 이외의 용도로 거액의 회사 자금을 가지급금 등의 명목으로 인출·사용함에 있어 이사회 결의 등 적법한 절차를 거치지 않았음은 물론 이자나 변제기의 약정조차 없었다고 한다면 이는 통상 용인되는 직무권한이나 업무의 범위를 벗어나 대표이사 등의 지위를 이용하여 회사 자금을 사적인 용도로 대여·처분하는 것과 다를 바 없다고 할 것이므로, 그러한 행위는 형법상 횡령죄에 해당한다고 봄이 상당하다(대법원 2006. 4. 27. 선고 2003도135 판결 등 참조).
>
> — 사건 2010도8614 발췌

이 어려운 시기에 가지급금 때문에 세무조사를?

　회사의 대표이사가 회사 돈을 일시 자금대여 명목으로 인출하는 경우 반드시 회사와 체결한 약정서가 존재해야 한다. 또한 약정서 내용에는 대여금에 대한 변제기일과 이자지급률이 명시되어 있어야 한다. 이러한 약정서가 불분명하거나 없는 경우에는 대표자에 대한 대여금으로 인정받지 못하는 상황이 발생할 수 있으므로 주의해야 한다.

다음의 내용은 회사의 대표이사가 회사 자금을 가지급금으로 인출하는 경우 약정서가 존재하더라도 세법상으로 많은 제재를 하고 있음을 보여주고 있다. 즉 회사 자금을 사업 목적으로 사용하여 이윤을 창출하라는 과세관청의 의지가 보이는 대목이다.

구분	세법상 제재
인정이자 계산	• 자금대여액에 대한 적정이자 계상 • 적정이자(6.9% 또는 가중평균차입이자율) 미수취 시 상여처분 • 약정서 없는 경우 미수이자 상여처분 • 약정서가 있는 경우 미수이자 1년 이후 미반제 시 상여처분
지급이자 손금불산입	• 업무무관자산으로 보아 지급이자 손금불산입 • 지급이자 손금불산입에 따른 법인세 증가
대손처리 불가	• 대손충당금으로 설정하지 못함 • 대손상각으로 손금산입하지 못함
세무조사에 영향	• 비정상적인 가지급금이 존재하는 경우 횡령 또는 상여처분
비상장주식 가치 영향	• 가지급금과 가지급금 미수이자는 회사의 자산으로 인식 • 비상장주식 가치를 증가시켜 지분 이동 시 적정불리
회사청산 시 상여처분	• 가지급금을 회수하지 못하는 경우 대표자에게 소득세 과세

※ 금융거래 시 신용도 저하 : 거액의 가지급금은 신용도 하락으로 작용

02_

가지급금을 없애는게
급선무다

가지급금은 세법상 규제 내역이 많기 때문에 재무제표상 가지급금 (주임종 대여금)이 많을 경우 과세관청의 주목을 받게 되므로, 가능한 한 결산기 이전에는 가지급금을 정리하는 게 좋다. 중소기업 대표들 이 이를 인지하지 못하고 가지급금을 쌓아 놓고 있는 경우가 많으며, 또한 뒤늦게 해결이 필요한 것을 인지했다 하더라도 해결방법을 몰라 전전긍긍하는 경우도 허다하다.

급여나 배당으로 현금화하여 갚는 방법

실질 가지급금을 해결하는 방법은 다음과 같다. 통상적으로 개인 재산으로 가지급금을 상환하거나 급여, 배당, 퇴직금 등을 통해 법인의 자금을 합법적으로 개인 자산화하여 해결하는 것이 가장 보편적인 방법이라고 할 수 있다.

하지만 급여나 배당으로 처리할 경우 소득세와 더불어 늘어난 소득에 비례한 4대 보험 등의 간접세 역시 법인과 개인에게 부담으로 돌아온다. 즉 가지급금 1억 원을 해결하기 위해서는 실제로 대표가 약 1억 3,000만 원의 급여를 받아 3,000만 원가량을 소득세로 내고, 1억 원을 회사에 상환하는 것이다. 이때 대표이사는 1억 3,000만 원에 대한 4대 보험료 약 9%를 추가로 부담해야 한다. 결과적으로 1억 원의 가지급금을 해결하기 위해 대표이사는 약 4,000만 원의 직·간접세를 부담해야 하는 것이다.

출자금을 감자하여 감자대가로 갚는 방법

법인의 자본금을 감자함으로써 출자금을 회수하여 가지급금을 해결하는 방안도 있다. 이 경우 당초 주식 취득가액보다 감자로 받은 자산이 더 많은 경우 의제배당으로 과세될 수 있으니 주의해야 한다.

퇴직금 중간정산으로 갚는 방법

법인세법 시행령 제44조에 따르면, 법인의 임원에 대한 급여를 연봉제로 전환함에 따라 향후 퇴직급여를 지급하지 아니하는 조건으로 그때까지의 퇴직급여를 정산하여 지급한 때는 퇴직금을 중간정산한 것으로 보도록 하고 있다. 그러므로 임원퇴직금을 중간정산하기 이전에 상법과 세법의 규정에 따라 임원퇴직금 지급규정을 정관 또는 정관에서 위임된 퇴직금 지급규정으로 문서화하여야 한다.

대표이사가 퇴직금을 중간정산하는 경우 상대적으로 적은 세금으로 현금 유동성을 확보할 수 있다. 따라서 가지급금을 급하게 반제해야 하는 경우라면 이 방법이 가장 보편적으로 많이 사용된다. 단, 현재 과세관청은 퇴직금을 지급할 수 있는 지급배수는 정관에 정함을 원칙으로 하되 3배까지 인정하고 있다. 만일 지나친 지급배수를 설정하여퇴직금을 지급받는다면, 향후 상여로 처분될 가능성이 있으므로 반드시 전문가와 상의해야 한다.[2]

---

2) 세법이 개정되어 2012년 1월 1일 이후부터는 퇴직금 지급배수를 3배 한도로 제한하고 있다. 또한 3배를 초과하는 퇴직금은 근로소득으로 보아 귀속자에게는 근로소득이 과세된다(소법 제22조 제3항 2012년 개정).

자기주식을 회사에 매각하여 갚는 방법

2012년 개정된 상법에서 '자기주식'의 취득이 전면 허용되면서 일부 기업의 경우 자기주식 취득을 회사의 가지급금 상환이나 자금대여의 수단으로 이용하고 있다. 하지만 아직 법률적 판단이나 세무적 논란 에서 완전히 정리되지 않아 신중한 판단이 필요한 시점이다. 이전에 는 상장기업이 아니라면 자기주식을 취득하는 것이 매우 제한적이어 서 거의 허용되지 않았다고 할 수 있다.

그러나 달라진 상법에서는 비상장기업의 자기주식 취득을 전면 허용하고 있다. 다만, 아무런 조건이나 절차에 상관없이 전부 허용하는 것은 아니므로 상법상의 조건을 따르고 적절한 절차를 지키지 않는다 면 법률적·세무적 위험 또한 도사리고 있는 것이 사실이다.

지난 2012년 4월 15일부터 시행된 '개정 상법 제341조 제1항'의 내용 을 살펴보면, 주주들이 균등한 조건으로 자기주식을 취득할 수 있다고 되어 있다. 그 외의 조건으로는 회사의 배당가능이익, 즉 이익잉여금 이내에서 가능하다는 조항이 있다.

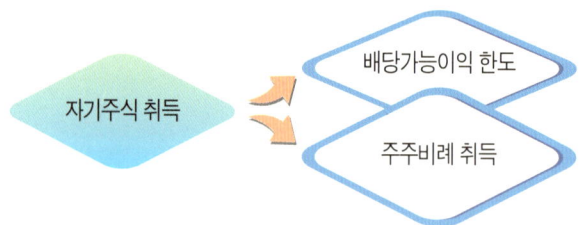

이러한 상법상의 내용을 자세히 살펴보고 이에 따라 절차를 준용한다고 해도 세법상의 이슈들이 남아 있게 된다. 자기주식 취득 후 제3자에게 매각할 경우 경영권이 변동되는 문제가 생길 수 있고, 매입한 자기주식을 소각하는 경우에는 자기주식 매입에 참여하지 않은 주주에게 이익이 생기는 의제배당의 문제 또한 존재한다. 그 외에 기타 자본이익의 증여 문제, 비상장주식 평가상의 문제 등도 있다.

자기주식 취득을 허용한 상법의 개정이 중소기업의 투자 유치와 자금 회수를 조금 더 유연하게 만들기 위해서라는 말이 있다. 그러나 중

소기업의 실정상 개정된 상법을 검토해서 절차를 준수하게 되더라도, 이에 따라 발생할 세무적 위험까지도 고려하기란 현실적으로 어렵다. 실제 자기주식 취득을 허용한 상법 개정 이후 가장 먼저 이를 사용한 기업은 비상장 대기업이다.

대표적으로 삼성 에버랜드의 경우 15%까지 자기주식을 늘려 경영권 방어에 활용하고 있고, 그 외 자본시장법의 개정에 따라 지분율을 낮춰야 했던 삼성카드 등에서도 자기주식을 이용했다.

중소기업에서 필요로 했던 제도를 만들어놓았지만 현실적으로 이를 활용할 수 있는 능력이 있는 건 중소기업이 아닌 대기업뿐인 현실이 안타깝기만 하다. 물론 그렇다고 중소기업에서 이를 활용할 수 없다는 것은 아니다. 전문가를 통해 법률적·세무적 검토를 거쳐 적절한 절차에 따라 실행할 수 있다면 중소기업의 필요에 따라 자기주식 취득을 활용할 수 있다.

구분	법인세 비용처리	소득세
배당, 감자	X	배당소득세
상여	O	근로소득세
퇴직급여	O	퇴직소득세
자기주식 매매	X	양도소득세

※ 업무와 관련이 없거나 과다 지출된 인건비 등은 법인세법상 비용이 인정되지 않으므로 반드시 정관에 한도를 정하고 동종업종과 비교해야 한다.

05 기업 CEO의
세무 어려움을 **토로**하다

- 비상장주식 평가 편

01_

내가 죽어서도
비상장주식 가치를
논할 수 있는가?

회사의 대표이사가 대부분의 특허기술을 보유하고 있던 안성의 유망한 중소기업 F사는 대표의 갑작스런 사망에 당혹스러움을 감추지 못하고 있다. 항상 건강하던 대표의 갑작스런 사망으로 어쩔 수 없이

대표의 배우자가 경영권을 승계하려 했지만, 대표의 사망 당시 회사지분 가치를 계산하여 막대한 상속세를 내야 한다는 사실을 알고 상속세 재원 마련에 망연자실하고 있다.

경영권을 물려받은 대표의 배우자는 "상속세를 마련하기 위해서는 지분을 매각하거나 물납을 해야 하는데, 이 경우 M&A에 노출되어 경영권을 행사하기가 어렵다"라고 하소연한다. 또한 "특별한 경영 경험이 없는 내가 이 회사를 승계하여 회사가 잘될지도 모르는 상황에서 과거의 실적만을 가지고 주식 가치를 계산한다는 것이 도무지 이해가 되지 않는다"라고 말한다.

비상장주식 가치 계산의 딜레마

국내 제어부품 제조판매회사인 P사의 최대주주인 홍모 씨는 2007년 9세인 아들과 7세인 딸, 그리고 부인 손모 씨에게 자신이 보유하고 있던 회사주식의 일부를 증여했다. 또 제휴관계사인 일본의 한 전자업체가 보유하고 있던 P사 주식을 사들이기 위해 두 자녀에게 현금 7억 9,000만 원을 증여했다. 일본의 전자업체는 홍 씨와의 협상을 거쳐 1주당 가격을 37만 5,000원으로 정해 보유주식 모두를 홍 씨의 자녀들에게 팔았다.

그러나 과세관청은 일본의 제휴회사가 37만 5,000원에 주식을 넘긴 것은 "상속증여세법의 '거래관행상 정당한 사유 없이 시가보다 현저히 낮은 가액으로 넘긴 경우'에 해당한다"며 상속증여세법상의 보충평가법에 따라 홍 군에게 3억 9,900여만 원, 홍 양에게 1억 5,470여만 원을 부과 처분했다. 세법상 계산법에 따르면, 이 회사의 주가는 주당 85만 5,400원으로 나왔다.

이 사례처럼 유가증권시장 상장법인의 주식 및 출자지분(코스닥 포함)과 달리 중소기업 등의 비상장주식 또는 출자지분은 매매가 원활하지 않아 특수관계자 거래 또는 관계회사 거래에서 결정한 매매가액을 인정받지 못하고 보충적 평가방법으로 계산하여 과세하는 사례가 많다. 과연 세법에서 정하고 있는 보충적 평가방법이 기업의 가치를 정확하게 반영하는 것일까?

비상장주식의 평가방법(상속세 및 증여세법 시행령 제54조)

구분	가치 평가방법
일반법인	순손익가치 × 60% + 순자산가치 × 40%
부동산 과다보유법인	순손익가치 × 40% + 순자산가치 × 60%

순손익가치의 계산(상속세 및 증여세법 시행령 제56조)

$$\text{순손익가치} = \frac{(\text{D-1년 순손익액} \times 3) + (\text{D-2년 순손익액} \times 2) + (\text{D-3년 순손익액} \times 1)}{6} \div \text{순손익가치환원율}(10\%)$$

※ 비상장주식 이전 직전 손익이 가장 큰 영향을 미침.

순자산가치의 계산(상속세 및 증여세법 시행령 제55조, 제59조)

순자산가치 = 순자산(자산-부채) + 영업권(3년간 순손익가중평균 ×50%) - (자기자본 ×1년만기 정기예금 이자율(10%))

최대주주 할증과세(상속세 및 증여세법 제63조)

구분	특수관계자 주식비율 50% 초과	특수관계자 주식비율 50% 이하
중소기업	평가액 × 15/100	평가액 × 10/100
일반	평가액 × 30/100	평가액 × 20/100

※ 중소기업의 원활한 가업승계를 지원하기 위해 2014년 12월 31일까지 중소기업 기본법 제2조 제3항에 의한 중소기업 주식은 할증평가 배제(조세특례제한법 101조).

※ 가업상속공제, 가업승계주식 과세특례, 창업자금 증여세 과세특례로 적용 시 중소기업은 조세특례제한법상 중소기업을 말함.

사망 시점에 따라 달라지는
비상장주식 가치의 평가

비상장주식의 가치는 회사의 순손익가치와 순자산가치의 가중평균으로 계산된다. 부동산 과다보유법인이 아닌 일반법인의 주식은 순손익가치에 가중치 3을, 순자산가치에 가중치 2를 주어 계산한다. 특히 순이익가치는 평가일 직전 3개년도에 다시 가중치를 주어 계산하게 되는데, 평가 직전 연도에 가중치를 가장 많이 배분하여 최근의 순이익이 비상장주식의 가치 평가에 가장 영향을 많이 미치도록 계산방식이 정해져 있다.

따라서 기업의 대표가 갑작스럽게 사망한다면 사망 직전 3개년도의 기업이익에 따라 상속세가 달라질 수 있다. 그러므로 세무 전문가들은 지분 이동 전에 순이익과 순자산가치를 낮출 수 있는 방법들을 연구하게 된다.

남편의 갑작스런 사망에 따른 회사의 가치, 순자산가치로만 계산해야 한다?

현행 '상속세 및 증여세법 시행령'에는 '비상장주식의 평가'에 대한 내용이 나와 있다. 이 내용에 따르면 상속세 및 증여세법 제67조 및 제68조의 규정에 의한 상속세 및 증여세 과세표준 신고기한 이내에 평가 대상 법인의 청산 절차가 진행 중이거나 사업자의 사망 등으로 인하여 사업의 계속이 곤란하다고 인정되는 법인의 주식 또는 출자지분, 그리고 사업개시 전의 법인, 사업개시 후 3년 미만의 법인과 휴·폐업 중에 있는 법인의 주식 또는 출자지분, 마지막으로 평가기준일이 속하는 사업연도 전 3년 내의 사업연도부터 계속하여 '법인세법'상 각 사업연도에 속하거나 속하게 될 손금의 총액이 그 사업연도에 속하거나 속하게 될 익금의 총액을 초과하는 결손금이 있는 법인의 주식 또는 출자지분만을 순자산가치로 계산할 수 있다.

즉 배우자가 갑자기 사망하는 바람에 사업의 계속이 불확실하지만 지분을 물려받아 사업을 영위해야 하는 사업체의 비상장주식의 가치는 위의 예외적인 사항이 아니고서는 순자산가치와 순손익가치의 가중평균으로 계산되어져야 한다.

순자산가치로 평가	• 사업개시 전 법인
	• 사업개시 후 3년 미만의 법인
	• 휴·폐업 중에 있는 법인
	• 청산 절차가 진행 중인 법인
	• 3개년 연속 세무상 결손 발생한 법인
	• 부동산 비율이 80% 이상인 법인

02_

과거 실적으로
비상장주식을 평가하는 것은
너무 억울하다

해당 법인이 일시적·
우발적 사건으로 해당
법인의 최근 3년간의
순손익액이 비정상적
으로 증가하는 경우 등
은 기획재정부령으로 정하
는 신용평가전문기관, '공인회계사법'에 따른 회계법인 또는 '세무사
법'에 따른 세무법인 중 둘 이상의 신용평가전문기관·회계법인 또는
세무법인이 기획재정부령으로 정하는 기준에 따라 산출한 1주당 추정
이익의 평균가액으로 할 수 있다.

배우자의 갑작스런 사망 직전 3개년도가 이에 해당된다면 1주당 추

정이익으로 계산할 수 있는 것이다. 하지만 장기간의 투자와 연구로 인하여 이제야 실적이 가시화되는 회사의 경우라면 실적이 비정상적으로 증가했다고 보기 어렵기 때문에 이 규정을 적용받지 못하는 경우가 많다.

비상장주식 평가심의위원회에서
비상장주식을 재평가받을 수 있을까?

해당 법인의 자산·매출 규모 및 사업의 영위기간 등을 감안하여 동종의 업종을 영위하고 있는 다른 법인(주권상장법인 등을 말한다)의 주식가액과 비교할 때 보충적 평가방법에 따라 평가하는 것이 불합리하다고 인정되는 법인은 상속세 과세표준 신고기한 만료 4개월 전(증여의 경우에는 법 제68조에 따른 증여세 과세표준 신고기한 만료 70일 전)까지 국세청 평가심의위원회 또는 지방청 평가심의위원회(이하 '평가심의위원회'라 한다)에 비상장주식의 평가를 신청할 수 있다. 이 경우에는 평가심의위원회가 심의하여 제시하는 평가가액에 의하거나 그 위원회가 제시하는 평가방법 등을 감안하여 계산한 평가가액에 의할 수 있다.

이때 평가심의위원회에서 유사 상장법인의 주가를 비교분석해야 하는데, 일반적으로 상장된 회사의 주가는 상장 프리미엄으로 인하여 비상장회사의 주가보다 높은 것이 현실이다. 따라서 평가심의위원회를 이용하여 유리하게 적용받은 사례는 거의 없다고 봐야 한다.

03_

비상장주식으로
상속세 물납이 가능한가?

전자제품 코팅제 등을 생산하는 에스에스시피SSCP가 법원에서 법정관리 폐지 결정을 받았다. 정부는 코스닥 상장사인 이 회사의 주식 217만 주를 2008년부터 증여세 대신 국세 물납으로 받아 보유해왔었다. 당시 이 회사의 오모 대표가 창업주로부터 회사 지분을 물려받으면서 증여세 697억 원이 발생하자, 1주당 3만, 2100원으로 따져 증여세를 물납했다. 하지만 이 회사는 2012년 9월 부도가 났고, 정부는 회사가 매각되면 돈을 받을 수 있다고 보고 기다렸으나 2차례 매각이 유찰되면서 결국 국세 697억 원이 허공으로 날아간 것이다.

납세자가 현금 대신 주식, 채권, 증권 등으로 세금을 납부하는 '국세 물납주식제도'가 오히려 탈세를 부추기고 있다는 지적이 있다. 새누리당 이재영 의원(비례대표)이 2013년 10월 9일 기획재정부로부터 제출받아 공개한 '2008~2013년간 비상장 물납주식 본인매수 현황'에 따르면, 2008년부터 2013년 8월 말까지 납세자들로부터 6,646억 원의 세금을 비상장주식 형태로 거뒀다.

하지만 이 주식을 매수해 국고로 환수한 세금은 물납액의 56.9%(3,783억 원)에 불과해 5년간 발생한 세수 결손액이 2,863억 원에 달한다는 것이 이 의원의 설명이다. 더 큰 문제는 2008년 이후 5년간 비상장 물납주식의 물납액 3,783억 원 중 납세자 본인이 재취득한 주식액이 16.2%(614억 원)에 이르고, 친척·자녀·발행회사·기존 주주 등 납세자와 특수관계자인 인원이 취득한 주식액은 62.2%(2,355억 원)에 달한다는 것이다.

특히 본인매수가 금지된 2012년경부터는 특수관계자의 매수 비율이 46%에서 85%로 급증한 것으로 나타났다. 이와 함께 본인 또는 특수관계자에게 매수된 비상장 물납주식의 경우 물납액 대비 절반에 가까운 59%의 저가로 매수된 것으로 역시 확인이 되었다. 물납자 본인이 물납주식을 물납가보다 낮은 금액으로 재취득함으로써 물납제도를 감세 수단으로 악용할 여지가 커진 것이다.

'물납제도'는 부동산·주식을 상속받거나 증여받은 사람이 국가에 상속·증여세를 돈이 아닌 비상장주식으로 물납하는 제도로, 한국자산관리공사가 현금 대신 주식을 받아서 민간에 매각한다.

물납 수단에는 부동산과 유가증권(국·공채, 주권, 채권 등)이 포함된다. 2007년 8월 22일 재정경제부가 발표한 '2007년 세제개편안'에 따라 부동산 및 유가증권에 대해 적용되던 상속·증여세 물납 대상 재산은 2008년 1월 1일부터 비상장주식이 제외되었고, 다른 재산이 없는 상속의 경우에 한해 적용된다. 따라서 배우자가 사망하여 다른 재산이 존재하지 않는 경우에는 상속세로서 비상장주식을 물납 형태로 납부할 수 있다.

상속의 경우로써 다른 상속 재산이 없거나 국공채, 물납 가능 상장주식, 부동산으로 상속세 물납에 충당하더라도 부족하면 비상장주식도 물납 가능 재산에 포함될 수 있음 (재산세과-450, 2012.12.17).

한국자산관리공사(캠코)는 20일과 21일 이틀간 1915억 원(72건) 규모의 국세물납비상징증권을 공개입찰 방식으로 매각한다.

이번에 매각하는 종목은 건설업 12개, 제조업 12개, 도매업 3개, 임대업 1개, 기타 업종 6개 등 총 34개 법인으로 이뤄져 있으며 입찰은 총 6회에 걸쳐 진행된다. 가격은 최초 매각예정가의 100%로 시작해 60%까지 내려갈 수 있다. 2회 이상 유찰된 종목은 전회차 매각 조건 이상의 수의계약도 가능하다.

단, 국유재산법 시행령에 따라 국세를 비상장증권으로 물납한 본인은 물납가액보다 낮은 금액으로 해당 비상장증권 매수를 위해 입찰에 참가하거나 수의계약을 신청할 수 없다.

입찰희망자는 온비드(www.onbid.co.kr) 사이트에 가입하고 공인인증서를 등록한 후 입찰금액의 10% 이상을 지정된 가상계좌에 입금하면 된다. 낙찰을 받으면 낙찰일로부터 5일 이내에 관련 서류를 구비해 주식매매계약을 체결하고 60일 내에 대금을 완납해야 한다. 최장 1년 동안 분할 납부도 가능하다.

입찰물건 목록과 구체적인 일정은 온비드 홈페이지에서 확인할 수 있다. 재무제표는 전자공시시스템(dart.fss.or.kr)을 참조하면 된다.

* 출처 : 《조선비즈》 2014년 1월 17일자 기사

상속세 및 증여세법 제73조 [물납] [부칙]

73-70-1 [물납] (2012.07.27 개정)

구분	내용
요건	• 상속 또는 증여받은 재산 중 부동산과 유가증권 가액이 당해 재산가액의 50%를 초과 • 상속세 또는 증여세 납부세액이 1,000만 원을 초과 • 납세의무자가 물납 허가를 신청기한 내에 신청 • 관리·처분이 부적당한 재산이 아닌 재산으로 물납 신청
신청	• 다음의 기한까지 물납허가신청서를 제출 　- 상속세 또는 증여세 과세표준 신고시 : 과세표준 신고기한 　- 과세표준 및 세액의 결정통지를 받은 경우 : 해당 납세고지서의 납부기한 　- 증여세 연대납세의무자가 통지서를 받은 경우 : 납부통지서상의 납부기한 　- 연부연납허가 후 각 회분의 분납세액을 물납하고자 하는 경우 : 각 회분의 분납세액 납부기한 30일 전

구분	내용
허가	• 다음의 기한까지 허가 여부를 통지 - 상속세 또는 증여세 과세표준 신고 시 신청한 물납 : 상속세는 신고기한부터 6개월 이내, 증여세는 신고기한부터 3개월 이내 - 납세고지서 및 납부통지서의 납부기한까지 신청한 물납 : 그 납부기한 경과일부터 14일 이내 - 연부연납의 분납세액의 물납 : 신청을 받은 날부터 14일 이내 • 허가통지기한까지 허가 여부에 대한 서면을 발송하지 아니한 경우는 허가한 것으로 본다. • 재산을 분할하거나 분할을 전제로 물납 신청 : 물납 신청 재산의 가액이 분할 전보다 감소되지 아니하는 경우에만 허가 통지 • 허가기간 연장 : 기간 연장에 관한 서면을 발송하여야 하며, 1회 30일의 범위 내에서 연장 가능 ☞ 서면발송을 하지 않은 경우 허가한 것으로 봄

※ 상속받은 재산 중 부동산과 유가증권 가액의 50% 초과 여부를 판단할 경우 상속재산은 적극적 상속재산을 의미하는 것으로 상증법§15(상속개시일 전 처분재산 등의 증여 추정), 상증법§13(5년 또는 10년 내 사전증여재산)의 금액은 포함하지 않는다.

73-70-2 [물납에 충당 가능한 부동산과 유가증권의 범위](2012.07.27 개정)

구분	물납에 충당 가능한 재산	물납 충당 제외 재산
부동산	국내에 소재하는 부동산	• 한국거래소에 상장된 유가증권. 다만, 그 밖의 다른 상속·증여재산이 없거나 물납허가통지서 발행일 전일 현재 '자본시장과 금융투자업에 관한 법률'에 따라 처분이 제한된 경우에는 제외하지 아니한다. • 비상장주식. 다만, 상속의 경우로서 비상장주식 외 상속재산으로 상속세 물납에 충당하더라도 부족하면 제외하지 아니한다.
유가증권	국채·공채·주권	
	내국법인이 발행한 채권 또는 증권	
	신탁업자가 발행하는 수익증권	
	집합투자증권	
	종합금융회사가 발행하는 수익증권	

73-74-1 [물납에 충당하는 재산 순서]

① 국채 및 공채(2012.07.27 개정)

② 물납 충당이 가능한 한국거래소에 상장된 유가증권

　(2012.07.27 개정)

③ ⑤를 제외한 국내 소재 부동산(2012.07.27 개정)

④ 물납 충당이 가능한 비상장주식 등(2012.07.27 개정)

⑤ 상속개시일 현재 상속인이 거주하는 주택 및 부수토지

　(2012.07.27 개정)

06 | 기업 CEO의
세무 어려움을 **토로하다**
- 지분 이동 편

01_

회사를
물려주는 방법 중
가업상속공제는 물폭탄이다

우리나라의 가업상속공제는 가업상속재산에 대하여 일정한 금액을 차감하여 상속세를 계산하는 제도다. 그러나 가업상속공제 후의 사후 관리요건은 독일과 달리 매우 엄격하다. 대표자의 변경, 가업의 주된 업종의 변경, 가업용 상속재산의 처분, 주식지분 비율의 감소 등의 사유가 발생하는 경우 가업상속공제는 취소되고 상속세는 가산세를 포함하여 추징된다.

중소기업의 자녀가 가업을 상속받아 10년 이상의 사후 관리요건을 채우는 것은 쉽지 않아 보인다. 물이 가득 든 풍선을 들고서 10년간 가시밭길을 걷게 만드는 것과 다를 바 없다.

저자는 가업상속 시 풍선에 물을 가득 넣어 전해주는 방법보다는 먼저 풍선의 크기를 최대한 작게 만들어 지분 이동 시 세금을 최소화하

는 방법을 권장한다. 가업상속
공제는 맨 마지막에 이용
하는 것이 바람직하다.
왜냐하면 기업환경이 급변
하면 업종이 언제든지 전환될
수 있고, M&A를 하거나
투자유치 활동으로
최대주주의 지분은
변동될 수 있기
때문이다. 또한 가업상속공제
혜택을 유지하려다가 오히려 기업이 성장할 수 있는 기회를 놓칠 수도
있기 때문이다.

한편, 2014년도에 반영될 자본이득세(상속인이 주식을 처분할 경
우 처분주식의 취득가액은 피상속인이 취득한 당시의 가액으로 계산)
로 인하여 상속인들이 향후 가업상속공제 사후 관리요건이 충족되더
라도 지분처분 시 상당한 자본이득세가 과세될 수 있으므로 주의해
야 한다.

02_

생전에 회사를 물려줄 경우, 증여세 과세특례제도 이용은 최소한으로

가업주식의 증여특례 시 세액계산은 30억 원까지 특례가 적용되며, 가업주식의 5억 원까지는 전액면제이며, 그 초과분부터 30억 원까지는 10%의 증여세율과 과세가 종결된다. 이 경우 증여세 과세특례가 적용된 주식 등에 대해서는 증여세 신고기한 이내에 증여세 과세표준을 신고하더라도 10%의 신고세액공제와 연부연납이 적용되지 않는다. 또한 증여세 과세표준 신고기한까지 가업주식을 받은 자녀는 경영에 참가해야 하고, 증여일로부터 5년 이내에 대표이사로 취임해야 하며, 증여일부터 10년까지 대표이사를 유지해야만 한다.

한편, 증여세 과세특례를 적용받은 주식 등의 가액은 증여받은 날부터 상속개시일까지의 기간이 10년 이내인지의 여부에 관계없이 항상 상속세 과세가액에 가산해 상속세로 정산한다. 정산 시에도 증여 시점의 주식평가액으로 합산하기 때문에 주식을 증여한 후 회사가 부도가 나더라도 증여 시점의 가액으로 상속세에 합산하기에 미래 전망이 좋은 경우에만 사용하는 방법이다.

■ 가업승계 증여세 과세특례를 적용받은 것이 일반적으로 유리한 경우

- 현재의 주식평가액은 낮으나 향후의 주식평가액은 증가할 것으로 예상되는 경우로써 가업 해당 주식 증여 후 수년 내에 상속이 개시될 것으로 예상되는 경우

■ 가업승계 증여세 과세특례를 적용받은 것이 일반적으로 불리한 경우

- 향후의 주식평가액이 현재의 주식평가액보다 낮게 평가될 경우
- 현재의 주식평가액은 낮으나 향후의 주식평가액은 소폭으로 증가할 것으로 예상되는 경우로써 가업 해당 주식 증여 후 상당기간 후에 상속이 개시될 것으로 예상되는 경우

증여세 과세특례 유의사항

구분	단점	장점
사전증여특례 적용	부도 시에도 합산	최대주주도 적용 가능(대표이사 요건 X)
상속세 신고 시		상속 시 상속공제 적용

03_

비상장주식의 가치를
낮추어 이전하는 방법이
최선이다

비상장주식의 가치를 줄여서 자녀 등에게 이전할 경우 해당 연도의 자산 가치의 조절과 지분 이동 직전 3개년도의 손익을 조절하는 일이 관건이다. 자산 및 손익 가치 조절의 대표적인 방법은 부실 재고자산의 정리와 매출채권의 대손처리 조정이다.

기업회계 기준상 재고자산 평가손실은 법인세법상 인정되지 않아 비상장주식 평가 시 고려되지 않는다. 따라서 재고자산을 정리하여 처분손실을 인정받도록 한다. 한편, 법인세법상 소멸시효가 완성되지 않는 매출채권은 대손상각비로 인정받을 수 없기 때문에 채권추심 등을 중지하여 소멸시효가 완성되도록 한다.

예를 들어 비상장주식을 증여하기 직전연도에 매출채권을 소멸시효 사유로 대손상각하게 되면, 매출채권인 자산이 감소하게 될뿐더러 대손상각비로 비용처리되어 순이익이 감소하게 된다. 따라서 비상장 주식의 가치가 자동적으로 하락하게 된다. 이와는 별도로 가업승계 이전에 배당을 하여 현금자산을 감소시키고, 정관을 개정하여 퇴직금 지급배수를 3배로 증가시켜 부채 규모를 늘리는 것도 좋은 방법이다.

비상장주식 평가요소

구분	법인세법상	비상장주식 가치
현금 배당	현금자산 감소	감소
퇴직금 정관 개정(3배 한도)	퇴직충당금 증가 부채 증가	감소
재고자산 처분	평가손실 인정 재고자산 감소	감소
매출채권 소멸시효 완성	대손상각 인정 매출채권 감소	감소
직전 3개년도 매출 및 손익 조절	이익 감소	감소

04_

상황에 맞는
지분 이동은 타이밍이다

기업공개 가능한 기업인 경우
상장 후 상속·증여하라

비상장주식을 상속 또는 증여하는 경우 비상장주식의 가치를 적절하게 낮추는 것이 상당히 중요하다. 하지만 인위적으로 비상장주식의 가치를 낮추기 위해 편법을 사용하는 것은 곤란하다. 기업공개를 통해 비상장회사를 상장하는 것도 고려할 만하다.

비상장회사 주식의 가치는 순자산가치 40%와 순이익가치 60%의 가중평균으로 이루어지지만, 상장회사 주식의 가치는 시장의 가격에 따라 달라진다. 만일 시장 여건에 따라 최저점의 시기만 포착할 수 있다면 상대적으로 상속세나 증여세를 줄일 수 있다.

'타이밍을 이용하여' 주가가 가장 낮을 때 상장주식을 증여하라

상장주식을 증여할 때는 주가가 가장 저평가될 때를 노려라. 상속세에는 10년 이내의 사전증여된 재산도 합산되므로 가급적 상속개시 10년 전에 주식을 증여해야 한다. 주식의 저평가 타이밍을 찾는 것은 어렵지 않다. 만일

증여했더라도 그 뒤에 주식의 가치가 더 떨어진다면 3개월 이내에 증여를 취소할 수 있다. 3개월 이내 증여 취소는 최초 증여 및 반환에 대해 증여세를 부과하지 않는다.

한편, 또다시 주식의 가치가 더 떨어진다면 3개월 이내에 증여를 반복적으로 취소하면 된다. 단, 거래금액에 대한 증권거래세 0.3%는 부담해야 한다. 2008년도 글로벌 금융위기, 2011년 유럽발 금융위기 등이 주식 증여의 기회가 되었다.

5년 뒤 상장될 미래가치가 높은 비상장주식은 사전증여하라

증여 또는 매매, 유상증자된 비상장주식이 5년 이내에 상장이 되는

경우에는 상장차익에 대해 증여세가 추가적으로 과세될 수 있다. 증여 후 단기간에 상장이 되었다면 내부 정보를 이용하여 부를 무상이전했다고 보는 것이다. 하지만 5년 이후 상장을 한다면 추가적으로 발생되는 자본차익에 대해 대주주에만 해당되지 않는다면 별다른 세금은 없다.

상속세 및 증여세법 제41조의 3을 적용함에 있어서 비상장주식을 유상증자로 취득하고 5년 이내에 상장된 주식의 상장차익은 '주식 또는 출자지분의 상장 등에 따른 이익의 증여'에 해당하는 것이다(기획재정부 재산세제과-1044, 2010.10.28).

가업상속공제에 해당된다면
가업상속공제 요건을 철저하게 검토하라

중소기업 또는 매출 3,000억 원 미만의 중견기업은 가업상속공제 요건을 검토하여 가급적 가업상속공제를 받도록 한다. 일반적으로 가업상속재산의 100%(500억 원 한도)를 상속재산에서 공제하여 준다. 단, 상속인의 가업사업용 자산 및 지분 양도 시 피상속인의 취득시기와 상속인의 양도시기의 자본차익에 대해서 자본이득세의 형태로 양도소득세가 과세되지만, 여전히 세부담 측면에서는 유리하다.

이때 주의할 것은 피상속인이 상속개시일 전에 대표이사직을 유지하고 있어야 하고, 상속인은 가업을 이어 대표이사직에 취임해야 한다는 규정이다.

미국의 상속공제 방식처럼 CFO(재무담당 최고책임자) 등 기업에서 주요 역할을 하는 사람은 가업승계 상속인이 될 수 없다. 또한 가업상속 대상 종류에 포함되는 중견기업의 지분에 대해서도 20% 또는 30%의 할증평가를 적용하고 있는 규정도 여전히 개정되지 않고 있어 재논의가 필요한 부분이다.

가업상속공제 요건

▶ 가업 요건

① 중소기업 또는 중견기업으로서 매출액 3,000억 원 미만

② 피상속인이 10년 이상 경영한 기업

③ 피상속인이 해당 기업 최대주주로서 피상속인과 그 특수관계인의 주식 등을 합하여 지분율 50% 이상 보유

▶ 피상속인 요건 : ① 혹은 ②를 충족하면 된다.

① 피상속인이 가업경영 기간 중 50% 이상 대표이사 재직

② 상속개시일로부터 소급하여 10년 중 5년 이상 대표이사 재직

▶ 상속인 요건 : 상속인이나 상속인의 배우자(개정)가 다음 요건을 모두 갖

추면 된다.

① 상속개시일 현재 18세 이상

② 상속개시일 2년 전부터 계속하여 가업에 종사

①②의 요건을 모두 갖춘 상속인 중 1명이 가업을 전부 상속받아 임원으로 취임하고, 상속세 신고기한부터 2년 이내에 대표이사로 취임해야 한다.

가업상속재산 종류

▶ 개인기업 : 가업에 직접 사용되는 토지, 건축물, 기계장치 등 사업용 자산

▶ 법인기업

① 법인의 주식 : 해당 주식가액×(총자산가액−업무무관자산) / 총자산가액

② 경영권 프리미엄 할증평가 : 기업 최대주주 지분 상속 시, 상속받은 주가의 20% 할증, 30% 할증(최대주주가 50% 초과보유의 경우)

③ 중소기업은 할증평가가 없다.

공제 혜택

가업상속재산가액에 상당하는 금액 전액(공제율 100%)

▶ 한도

- 10년 이상 : 200억 원
- 15년 이상 : 300억 원
- 20년 이상 : 500억 원

사후 관리 요건(상속인의 배우자가 사후 관리 요건을 충족해도 무방하다)

가업상속 이후 10년 이내에 다음의 위반사항이 발생하지 말아야 한다.

공제를 받은 상속인이 상속개시일부터 10년 이내에 아래 ①~⑤의 위반사유가 발생하면, 사후 관리한다.

① 해당 가업용 자산의 20/100 이상을 처분(상속개시일부터 5년 이내에는 10/100 이상 처분)

- 원래 공제받은 금액에 가업용 자산의 처분비율을 곱한 금액을 상속개시 당시의 상속세 과세가액에 산입하여 상속세를 부과한다.
- 처분비율 = (가업용 자산 중 처분한 자산의 상속개시일 현재의 가액 / 상속개시일 현재 가업용 자산의 가액)

② 해당 상속인이 가업에 종사하지 아니하게 된 경우

- 위반사항 발생 시 원래 공제한 금액을 상속개시 당시의 상속세 과세가액에 산입하여 상속세를 부과한다.

③ 주식 등을 상속받은 상속인의 지분이 감소한 경우

④ 각 사업연도의 정규직 근로자 수의 평균이 상속이 개시된 사업연도의 직전 2개 사업연도의 정규직 근로자 수(기준 고용인원)의 평균의 80%에 미달하는 경우

- 위반사항 발생 시 원래 공제한 금액을 상속개시 당시의 상속세 과세가액에 산입하여 상속세를 부과한다.

⑤ 상속이 개시된 사업연도 말부터 10년간 정규직 근로자 수의 전체 평균이 기준 고용인원의 100%(규모 확대 등으로 중견기업이 된 경우는 120%)에 미달하는 경우

- 위반사항 발생 시 원래 공제한 금액을 상속개시 당시의 상속세 과세가액에 산입하여 상속세를 부과한다.

07 | 기업 CEO의 세무 어려움을 토로하다

세무 어려움을 **토로하다**

- 상속세 편

01_

국세청이 최대주주?
상속세 내면
남는 게 없다

연간 매출액이 600억 원 정도인 제조업체 G사는 수년간 독점적인 기술로 매년 10%의 영업이익을 창출하고 있다. 회사의 주식 가치를 계산해본 결과 약 400억 원 정도가 된다는 소리에 G사의 대표이사는 내심 기쁘기도 했지만, 사망 후 내야 할 막대한 상속세가 고민되기 시작했다. 개인적으로 보유하고 있는 부동산과 현금 등을 합산하면 상속세가 더욱 더 늘어날 것만 같았다. 가업승계에 관심 없는 자녀들은 일찌감치 다른 길을 가고 있기에 요즘 들어 심각하게 회사지분 매각을 고민하고 있다.

비상장회사 지분만이
상속세 과세대상은 아니다

가업승계 및 상속재산 포함 여부

구분	가업승계	상속재산
대표이사의 주주지분	해당	해당
대표이사의 명의신탁주식	해당	해당
대표이사의 가수금		해당
대표이사의 퇴직금		해당
대표이사의 미지급 급여		해당
대표이사의 부동산·개인 금융자산		해당

대표이사의 주주지분

중소기업 CEO의 주주지

분을 후세대에게 이전시키는

경우에는 주주지분의 가치를 최

소화할 수 있는 방법을 찾은 다음 가업

상속공제를 받도록 한다. 훗날 회사의

가치가 증가할 것으로 예상되면 조세특례제한법 시행령 제27조의 6

'가업승계에 의한 증여세 과세특례' 규정을 이용하여 자녀에게 회사의

주식을 30억 원 한도 내에서 이전하도록 한다.

이때 주의할 점은 증여세 과세특례 적용대상 주식은 10년이 경과하더라도 상속재산에 포함된다는 것이다. 따라서 회사의 가치가 감소할 것으로 예상되는 경우에는 증여세 과세특례를 적용하지 말고, 상속세 및 증여세법(상증법) 제18조에 따른 '가업상속공제'를 적용받도록 한다. 단, 이러한 가업상속공제를 적용받기 이전에 세무 전문가와 상담하여 사후 관리 요건을 충족할 수 있는지 충분히 검토하여야 한다.

대표이사의 명의신탁주식의 환원

1982년 당시 상법상 법인설립 발기인은 최소 7명이었기 때문에 대부분의 중소기업들은 법인을 설립할 때 실질주주 이외에도 친인척 및 배우자 명의로 주식을 분산하여 왔다. 수십 년 동안 중소기업을 건실하게 운영해온 대표가 가업승계를 하는 경우, 이러한 명의신탁주식이 발목을 잡을 수 있다.

명의신탁된 주식을 환원하기 위해서는 명의신탁주식 반환소송이 필요하다. 단순히 계약서상으로 명의신탁주식을 반환하거나 소송을 진행하더라도 궐석재판(소송 당사자 중 한쪽이 법정에 출석하지 않은 상태에서 진행되는 재판) 또는 단순 의제자백(민사소송법에서, 당사자가 상대편이 주장한 사실에 대하여 반박하지 않거나 당사자 중 한쪽이 정해진 날에 출석하지 않은 경우, 그 사실을 자백한 것으로 인정한다)은 국세청의 인정을 받지 못할 수도 있으므로 반드시 전문가와 협의하도록 해야 한다.

한편, 명의신탁된 것으로 확인된 주식의 취득시기는 당초의 취득

일이 되는 것이며, 상속세 및 증여세법 시행령 제15조의 규정에 의한 가업상속공제 요건을 충족한 경우에는 같은 법 제18조 제2항의 규정에 따라 상속세 과세가액에서 가업상속공제를 적용받을 수 있다(재산-3185, 2008.10.8). 가업상속공제를 받지 못하는 명의신탁주식은 반드시 상속세를 신고할 때 포함시켜야 한다.

대표이사의 가수금

회사의 자금이 일시적으로 부족할 경우 대표이사 또는 최대주주로부터 회사가 자금을 차입하게 되는데, 보통 회계처리를 가수금으로 하게 된다. 회사 측에서는 대표이사 등에게 반제하여야 할 부채이며, 대표이사 입장에서는 회사로부터 반제받아야 할 채권인 것이다.

한편, 피상속인이 대표이사로 있는 법인의 장부상 계상된 피상속인 명의의 가수금채권이 재산적 가치가 있는 사실상의 채권인 경우 상속재산에 포함된다. 따라서 가수금은 자본전환하여 가업상속공제를 적용받도록 한다. 개정 상법에 따르면, 2012년 4월 15일 이후부터는 주금(주식에 대하여 내는 돈)의 상계금지제도를 폐지하였으므로 대표이사의 가수금을 바로 상계처리하여 자본화할 수 있게 되었다. 단, 주의할 점은 중소기업기본법 시행령 별표 1에 의한 중소기업 자본금의 범위 이내로 증자해야 한다는 것이다.

대표이사의 미지급 급여와 퇴직금

대표이사가 사망할 경우 법인 재무제표에 기록된 미지급 급여와 미지급 퇴직금은 상속재산에 포함된다. 퇴직금을 많이 받기 위하여 정관에 지급배수를 설정한 경우에는 상속세에 미치는 영향을 분석하여 정관을 변경할 필요도 있다.

대표이사의 부동산 평가

부동산 등의 상속재산 평가는 시가 평가가 원칙이다. 시가가 없는 경우 감정가액 또는 기준시가로 평가하게 된다. 2011년 1월 1일 이후 상속분부터 시가란 상속개시일 전 6개월 전부터 상속세 신고일까지 면적·위치·종목 및 기준시가가 동일하거나 다른 유사한 재산의 매매사례가액이 있는 경우에 당해 가액을 시가로 본다. 일반적으로 아파트를 제외한 상가, 토지 등은 동일한 매매사례가액이 거의 없기 때문에 기준시가로 상속재산을 평가하게 된다.

대표이사의 금융재산 평가(현·예금 및 유가증권)

대표이사 사망 시 대표이사의 개인 금융자산도 상속재산에 포함되므로 상속개시일로부터 소급하여 10년간 금융자료조사를 하게 된다. 대표이사의 사망일로부터 2년 이내에 인출된 금액은 상속인이 어디에 썼는지 소명하지 못하면 상속세로 과세된다.

저자의 경험으로는 대표이사의 10년간 통장을 일자별 또는 인출대상자별로 정리하다보면 법인 매출누락이 개인통장으로 입금되거나, 상속인 또는 제3자에게 증여된 금액이 밝혀지기도 한다. 또한 사업자금 등의 명목으로 거액이 빠져나갔으나 용처를 확인하지 못하는 상황이 발생하기도 한다. 이로 인해 상속인이 납득하지 못하는 상속세가 추가적으로 과세되는 경우가 빈번하게 일어난다. 따라서 대표이사의 사망으로 발생하는 상속세 신고는 법인재산과 개인재산의 상호 연관성을 분석하여 철저하게 대비하는 것이 중요하다.

구분	상속재산 합산
2년 이내 인출된 미소명 금액	합산
10년 이내 사전증여재산	합산
5년 이내 상속인 이외 증여재산	합산
법인 매출누락 개인통장 입금	합산(법인세 및 부가가치세 별도과세)

02_

상속세 납부재원별
특징

현금

- 금융재산이라 하더라도 중도해지수수료, 매매 타이밍에 따른 손실 가능성이 있음
- 상속세 신고·납부기한인 유고 후 6개월 이내에 유동성 확보가 용이한 자산

대출

- 대출 가능금액 평가를 위한 감정가액으로 상향 평가되어 상속세 부담이 증가할 가능성 노출

- 비유동성 자산을 활용하여 금융기관으로부터 상속세를 납부할 수 있는 유동성 마련 가능

물납

- 기준시가로 물납 신고 시 인정받는 재산가치 역시 신고가액이므로 시가 대비 차액만큼 손실 발생
- 다른 자산으로 상속세를 납부할 수 없을 때 일부 자산의 경우 최후의 방안으로 상속세 납부 가능

부동산 매도

- 급매에 따른 손실 발생 / 기준시가로 신고한 부동산 실거래 가격이 노출되어 상속세 부담 증가
- 자산의 구조조정이나 시가로 매각 가능한 경우 유동성 확보가 가능

종신보험

- 어느 시점에 사망하더라도 약정한 보험금이 지급되는 적기성 등
- 가입 시기에 따라 장기간 납입해야 효과적으로 사용 가능

08 | 기업 CEO의
유족보상 플랜을 말하다

01_

유족보상 플랜이
유가족을 살린다

준비된 성공 사례

한 유망한 중소기업 F사는 회사를 움직이는 특허기술 대부분을 대표이사가 보유하고 있었는데, 최근 대표이사가 갑자기 세상을 떠나는 바람에 다들 당혹감을 감추지 못하고 있다. 상속세를 낼 자금을 마련하지 못하면 자칫 회사가 남의 손에 넘어갈 수도 있는 상황이었다.

하지만 다행히도 대표이사가 살아생전 회사에 유족보상 플랜으로 유족보상금을 지급할 수 있는 제도를 만들어놓았기에 배우자는 유족보상금 10억 원을 받아 회사경영권 방어 및 상속세 재원으로 사용할 수 있었다.

준비되지 않은 실패 사례

국내 선두 철강제련업체 P사는 최근 회사 전체가 혼란에 빠졌다. 대표이사가 갑작스런 심장마비로 해외에서 사망했기 때문이다. 이에 회사 전체의 거래처가 흔들리기 시작했다. 그런데 때마침 사망하기 몇 년 동안 호황을 누린지라 비상장주식의 가치가 생각보다 높았다.

"회사지분 이외에는 상속재산이 거의 없어 회사주식으로 상속세 대부분을 물납하기로 결정했지만, 경쟁업체가 공매를 통해 주식을 낙찰받을 경우 회사를 거의 뺏긴 것이나 다름없는 상황이 될 것이다"라며 어찌할 바를 모르고 있다.

스티브 잡스 사망으로 본
유족보상 플랜의 필요성

스티브 잡스 사망, 그 이후 애플은?

- 장기간 암 투병(8년)으로 향년 56세에 조기 사망함.
- 사망 후 애플의 경쟁사들은 주가 상승세를 보임.
- 애플 투자자가 배당을 요구하기 시작하고, 언론에서 추측성 기사가 난무하는 등 루머가 끊이지 않음.

> CEO 유고 시 경영 악화로 이어지는 사례가 빈번함.
> 따라서 장기적이고 체계적인 준비가 무엇보다 중요함.

- 경쟁사 삼성전자는 '통신특허를 침해당했다'며 프랑스와 이탈리아에서 판매금지 가처분 신청을 함.

위기는 언제든지, 누구에게나 찾아올 수 있다!

- 탄탄한 기업일수록, 규모가 큰 기업일수록 CEO의 부재는 큰 손실을 불러오며, 중소기업은 CEO 부재로 인한 경영 위기에 사전준비가 거의 없음.
- 경영인이 갑자기 사망하거나 병상에 누워 직접 경영

이 어려운 경우, 후계자(자녀·배우자)는 인수인계가
제대로 되지 않은 상태여서 경영공백을 메우기가 쉽지
않음.

• 특히 배우자는 현장에서 경영에 참여하기보다는 내조
를 하는 경우가 많기 때문에 남편의 부재 시 큰 위기가
될 수 있음.

• 사업자금 대출이 있는 경우에는 대출금 상환의 부담이
있음.

상속세 납부재원으로써
종신보험의 장점

• 피보험자의 사망 시 사망보험금으로 상속세 재원 확보
• 상속세 재원부족 시 물납, 연부연납으로 인한 고유재
산침해 방지
• 상속포기 시 유가족의 고유재산으로 채권자 추심 방지
• 대표이사의 갑작스런 사망 시 기업운영자금, 가업승계
자금 확보를 통한 재무방어

02_

유족보상 플랜이란
어떤 제도인가?

대표이사 및 임원이 사망하는 경우에도 근로기준법을 준용하여 회사가 유족보상금을 지급할 수 있다. '유족보상 플랜'의 기본은 보험의 특성을 활용해 적은 비용으로 기업 및 유가족의 안전장치를 설치하는 것이다. 예를 들면 법인계약을 만들어 피보험자를 임직원으로, 계약자와 수익자를 법인으로 설정하는 방법이 있다.

유족보상 플랜은 한정된 자원을 효율적으로 운영하는 한편, 유사 시 자금 경색을 막을 수 있는 가장 기초적인 방법이다. 즉 오너 일가가 안정적으로 경영을 이어가면서 직원과 기업을 지키는 제도다. 유족보상 플랜은 경영의 영속성 보장과 기업가로서 사회적 책임, 유가족의 재무적 피난처를 제공하게 된다.

대표이사 등 임원의 순직과 관련하여 유족에게 지급하는 사망위로금 및 장의비 등이 사회통념상 인정되는 금액은 관련법령(예: 산업재해보상보험법, 근로기준법 등)이 정하는 장례비 등의 지급기준 및 회사 사규의 내용 등을 감안하여 손금산입이 가능하다(제도 46013-354, 2000.11.14).

유족보상 플랜이 제공하는 재무적 피난처

* 법인의 부채를 보존하고 소득이나 자산을 보호하기 위해 기업생명보험을 통한 재무적 피난처를 제공하기도 한다.
* 법인 임직원의 갑작스런 사망에 따른 유가족의 상속세 재원 또는 생활자금의 재무적 피난처를 제공한다.

03_

유족보상 플랜, 납입보험료가 비용처리되는 것은 중요치 않다

저자가 대표이사들에게 가장 많이 듣는 질문은 "유족보상 플랜으로 납입하는 납입보험료가 법인세법상 비용처리(손금처리)될 수 있느냐" 하는 것이다. 보험료의 비용처리 여부는 업무와 관련된 것인가, 사회통념상 타당한 것인가를 우선적으로 고려하여 판단하게 된다.

저자는 대표이사들에게 말하고 싶다. 회사의 현금 자산으로 앞으로 닥칠지 모를 회사의 재무적 리스크와

임직원의 유가족을 보호한다는 궁극적인 목적이 정해져 있다면 납입 보험료의 비용 처리 여부는 수단에 불과한 것이라고 말이다. 목적과 수 단이 바뀌는 의사결정을 하여서는 안 된다. 납입보험료를 비용 처리하 지 말고 회사자산으로 분류한다면 실질 재무적인 피난처의 크기를 더 욱 더 키우는 장점이 있게 된다.

유족보상금을 받게 되면
유가족들의 소득세는 비과세인가?

근로의 제공으로 인한 사망과 관련하여 그 유가족이 산업재해보상 보험법에 의한 유족급여 등을 지급받는 것과 별도로 회사로부터 지급 받는 위자료의 성질이 있는 급여(합의금)는 비과세되는 것으로 본다 (서면1팀-777, 2005.06.30).

그렇다면 임원에게 유족보상금을 지급하는 경우 소득세법상 비과 세될 수 있을까? 먼저 소득세법 기본통칙 12-0…1 '임원과 근로자의 구 분'을 살펴보면 "'근로자'에는 법에서 특별히 임원을 제외하고 있는 경 우 외에는 임원이 포함되는 것으로 한다"라고 규정되어 있고, 소득세 법 제12조 '비과세소득'의 범위에서도 별도로 임원을 제외한다는 규정 이 없으므로 유족보상금에 대해 소득세법상 비과세가 가능하다고 할 것이다(유족보상 플랜 적용 시 전문가와 상담 필요).

유족보상금을 받게 되면
유가족들의 상속세는 비과세인가?

　사업주인 대표이사가 근로기준법에 준하는 '유족보상금 지급규정'
에 따라 회사로부터 보상금을 지급받는 경우, 소득세법 기본통칙 12-
0…1 '임원과 근로자의 구분'과 소득세법 제12조 '비과세소득' 규정에
의하여 소득세는 비과세되는 것으로 판단된다. 그러나 상속세법 기본
통칙에서는 임원과 근로자의 구분기준을 제시하지 않고 있다.

　따라서 사업주인 대표이사가 지급받는 유족보상금의 상속세 비과
세 여부는 통상적으로 회사에서 대표자가 업무상 사망하는 경우 산업
재해보상보험법과 근로기준법이 동시에 적용되어 유족보상금이 국가
와 회사에서 각각 지급되는 경우에만 상속세가 비과세된다.

우리가 비오는 날 우산을 사는 이유는
비를 피하기 위해서다.
그 대가로 우산의 가격을 지불한다.
대표이사가 사망하여 지급되는
유족보상금에 대한 과세 여부는
중요치 않다. 유가족이 비를 피할 수
있다면 법인세 비용으로 처리되지
못하더라도 충분히 유족보상 플랜의
목적이 달성될 수 있기 때문이다.

임원유족보상금 지급규정

제1조 【 목 적 】

이 규정은 근로기준법 제82조, 소득세법 제12조, 상속세및증여세법 제10
조 및 관련 법령을 준용하여 회사의 중요한 업무를 담당하고 있는 임원의
유족보상금 지급규정을 정함으로써 관계법령을 준수함과 동시에 임원
이 안정적으로 회사의 업무에 전념할 수 있게 하는 데 그 목적이 있다.

제2조 【 적용범위 】

1. 이 규정에서 "임원"이란 등기이사 및 감사를 말하며, 근로소득세를 납
부하는 근로 소득자인 상근임원에 한한다.
2. 등기이사 및 등기감사가 ① 영업 및 업무형편에 의하여 등기한 경우
또는 ② 직책 및 직급을 임원으로 근무할지라도 실질관계가 근로자로
별도의 계약에 의하여 근무하는 자는 그 별도의 계약에 의하며, 근로
기준법을 준용한다.

제3조 【 지급사유 】

임원유족보상금은 다음 각 호에 해당하는 사유가 발생했을 때 지급할
수 있다.
1. 업무상 재해나 질병으로 사망하는 경우
2. 업무 외 재해나 질병으로 사망하는 경우

제4조 【 유족보상금 산정 및 지급기준 】

1. 사망으로 인하여 퇴직하는 임원에 대해서는 주주총회 결의를 얻어
퇴직금과는 별도로 유족보상금을 아래의 기준표에 의하여 지급할 수
있다.

직 위	업무상 재해 또는 질병으로 사망 시	업무 외 재해 또는 질병으로 사망 시
대표이사	평균임금의 1,300일	평균임금의 1,000일
사내이사	평균임금의 1,100일	평균임금의 1,000일
감 사	평균임금의 1,000일	평균임금의 500일

2. 산출의 기준이 되는 평균임금은 퇴직일 기준 직전 3개월간 지급된 급여총액(비과세소득, 상여금 포함, 배당금 제외)을 그 기간의 총 일수로 나눈 금액을 말한다.

   ※ 평균임금 = (3개월간 지급된 급여총액 ÷ 총 일수)

3. 초과지급이 필요하다고 인정되는 경우에는 주주총회 결의에 의하여야 한다.

4. 직위는 유족보상금 지급사유가 발생한 최종 직위를 기준으로 하며, 1인 이사의 경우 대표이사 기준을 적용한다.

제5조【 지급방법 】

1. 유족보상금은 금전으로 지급함을 원칙으로 한다.

2. 회사는 유족보상금 지급에 대한 회사의 재정 부담을 감소시키기 위하여 임원을 피보험자로 하는 생명보험손해보험 등의 보험상품에 가입하여 이로 인한 사망보험금, 연금 등 보험상품에서 지급을 허용한 상태로 지급을 대체할 수 있다.

제6조【 지급시기 】

유족보상금은 발생시점으로부터 2개월 이내에 지급함을 원칙으로 한다.

제7조【 장의비 】

회사는 임원유족보상금 지급사유 발생 시 지체없이 아래 기준의 장의비를 지급한다.

직 위	업무상 재해 또는 질병으로 사망 시	업무 외 재해 또는 질병으로 사망 시
대표이사	평균임금의 200일	평균임금의 100일
사내이사	평균임금의 100일	평균임금의 50일
감사	평균임금의 50일	평균임금의 50일

제8조【 수령인 】

임원의 사망으로 인한 유족의 유족보상금 수령은 특별한 경우를 제외하고는 민법에서 정하는 법정재산상속순위에 의한다.

제9조【 규정개폐 】

이 규정의 개폐는 주주총회의 결의에 의한다.

부 칙

제1조【 시행일 】

이 규정은 20○○년 ○○월 ○○일부터 시행한다.

제2조【 소급적용 】

이 규정 시행일 이전부터 근속한 임원도 본 규정의 적용을 받는다.

09

세무리스크

01_

이자, 배당소득의
원금 환산 역풍을 맞다

기업 CEO의 세무 리스크 형태

차명계좌 조사 사례	조사 구분
이자, 배당소득의 원금환산(1.69%)	자금출처 조사
차명계좌로 증여추정 규정 강화	차명계좌 여부 조사
도관업체 QUICK-RETURN에 대한 조사	가공세금계산서 조사
CTR/STR분석(2,000만 원 이상 FIU 보고)	법인세무조사 파생
PCI(Property Consumption Income)	법인세무조사 파생
미국 시민권자, 영주권자 FATCA제도 시행	자금출처 조사
법인적격증빙전산대사 후 가공경비 조사	적격증빙 조사
법인가수금 매출누락 여부 조사	매출누락 여부 조사
법인가수금 상속재산누락 여부 조사	상속세(자본전환 여부)
법인가지급금 타계정 과목 대체(매출채권 등) 조사	가지급금 조사

모 중소기업 대표가 회사로부터 적법하게 배당받은 금액을 배우자 또는 자녀의 통장으로 관리하였다. 배우자 통장으로 관리되는 현금에 대해 이자소득이 발생하더라도 타 소득과 합산하여 세금만 내면 되겠지 생각했는데, 2013년 초 국세청에서 배우자의 이자소득으로 원금 운용을 추정하여 자금 출처에 대해 소명하라는 안내문이 날아왔다.

금융소득종합과세는 2013년 기준으로 개인별 이자·배당소득이 2,000만 원을 초과할 경우 타 소득과 합산하여 누진세율로 과세되는 세금이다. 금융소득종합과세 적용대상 인원은 기획재정부에 따르면 2013년 기준으로 약 9만 명 내외로, 2010년보다 약 4만 명 정도가 증가하였다. 현행 시장이자율과 상장사 평균배당률을 감안할 때 적어도 금융소득종합과세 대상자에 해당되려면 약 7억 원 내외의 금융자산을 갖고 있어야 한다.

금융소득종합과세에서 자유로워지기 위해서는 금융자산의 수입 귀속시기를 조절하고, 금융자산을 배우자에게 증여하여 분산시키며, 비과세 절세상품을 활용할 것을 권한다. 금융소득에 대한 세무 방어 전략은 '12장'에서 자세하게 다루기로 한다.

2013년 초부터 금융소득종합과세 대상자 및 금융자산이 소득에 비해 과도하다고 판단되는 경우 자금출처조사를 시행하고 있다. 단순히 금융소득종합과세로 인한 세금의 증가가 문제되는 것이 아니라, 금융자산 원본에 대한 자금출처까지 고려해야 하므로 이에 대한 방어 전략을 철저히 세워야 한다.

02_

차명계좌
증여추정 규정으로
세금폭탄 맞을 수도 있다

한 중견기업 CEO는 은퇴 후 퇴직금으로 상당 규모의 주식을 운용하였다. 1980년대 자녀 3명의 이름으로 공모주를 받아서 지금까지 꾸준하게 관리하고 있다. 현재 주가는 상당히 많이 올랐고 금액도 상당한 수준이지만, 올해부터 고민이 하나 생겼다. "차명계좌의 경우 증여로 추정하여 증여세를 과세할 수 있다. 증여가 아니라는 것은 증여자가 입증을 해야 한다"라는 소리를 세무사에게 들었기 때문이다. 증권계좌를 본인의 명의로 찾아오는 게 좋을지, 또 찾아올 경우 증여세가 부과되지는 않을지 그는 심각한 고민에 빠져 있다.

차명계좌 운용의 사유

자산가들은 본인 자금의 일부를 배우자와 자녀 명의의 예금·증권거래 계좌(차명계좌)로 운용하는 경우가 적지 않다. 주로 2,000만 원 이상의 이자·배당소득을 소득세에 합산해 고율로 과세하는 금융소득종합과세와 이에 따른 건강보험료 인상을 피하고자 이 같은 선택을 한다.

하지만 2013년부터 시행된 '차명계좌 증여추정' 제도로 인해 차명계좌는 원칙적으로 증여한 것으로 인정된다. 이전까지는 차명계좌로 발각되어도 "차명으로 운용한 것일 뿐 증여한 것은 아니다"라고 주장하면서 미납한 소득세를 납부하는 방법과, "증여가 맞다"라고 인정하면서 증여세를 납부하는 방법 중에서 자신에게 유리한 쪽을 선택할 수 있었지만, 이제는 증여세로 일괄 과세될 가능성이 커졌다.

차명계좌 운용 시 세무적 위험

차명계좌를 통한 탈세가 적발될 때의 대가는 크다. 미신고에 따른 부당 신고불성실가산세(증여세의 40%)가 추가되고, 미납부에 따른 가산세(매일 0.03%)도 부과된다. 여기에 국세청의 '차명계좌 블랙리스트'에 오르면 평생 추적을 받을 수도 있다.

앞의 상황에서는 차명계좌를 본인의 계좌로 환원시키는 과정에서 다시 증여세가 과세될 위험이 크므로, 현재 있는 증권 운용 계좌가 차명계좌임을 명백히 입증할 수 있는 증거를 만들어놓는 것이 중요하다고 할 것이다. 차명계좌에 대한 구체적인 적용 사례는 '12장'에서 자세하게 다루기로 한다.

03_

의심스런
원화 및 외환거래 시
국세청에 자동 통보된다

　　중견 제조업체 P사는 가공으로 받은 매입 자료를 진성거래로 위장하기 위해 부가세가 포함된 거래대금을 도관업체에 입금한 다음 부가세를 차감한 나머지 금액을 다시 현금 인출하는 방법으로 탈세를 하였다. 현재 잦은 현금 인출로 인한 도관업체의 거래내역이 의심거래로 분류되어 금융정보분석원FIU, Financial Intelligence Unit이 불법자금은닉 여부 혐의로 경찰청에 통보한 상태다.

FIU란

　　금융정보분석원(이하 'FIU'로 표기)은 금융기관으로부터 자금세탁

(자금의 위법한 출처를 숨겨 적법한 것처럼 위상하는 과정) 관련 혐의 거래 보고 등 금융정보를 수집·분석하여, 이를 경찰 등 법집행기관에 제공하는 단일의 중앙행정조직이다. 현재 대부분의 OECD 회원국 등 50여 개 국가가 금융정보기구를 설립해 운영하고 있다.

우리나라의 FIU

국내에서는 제2단계 외환자유화에 따라 증가할 것으로 예상되는 자금세탁 등 자본의 불법 유·출입을 감시하기 위해 2001년 11월 28일, FIU가 출범하게 되었다.

FIU는 재정경제부 소속기관으로, 금융기관으로부터 마약·밀수·사기 등의 범죄와 연계된 자금세탁, 불법적인 해외도피 등의 혐의가 있는 금융거래 정보를 수집·분석해 수사기관에 제공하는 역할을 한다. 수사권은 없으나 외환거래에 한해 계좌추적권을 가진다. 이 기구에 집중되는 정보는 '금융실명거래법'상 비밀보호조항의 예외가 인정된다.

각 금융기관은 '혐의거래보고제도'에 따라 국내 및 해외거래 자금이 불법 자금일 가능성이 있다는 의심이 들 때는 이를 FIU에 보고해야한다. 금융기관이 FIU에 보고해야 하는 기준 금액은 자금세탁 혐의가 있는 1,000만 원 이상 원화거래(수신·대출·보증·보험 등) 또는 미화 1만 달러 이상의 외환거래다. FIU는 금융기관으로부터 받은 정보를 선별해 검찰과 국세청, 관세청, 금융감독위원회 등에 알린다.

우리나라 FIU의 국회 통과 내용

2013년 11월 14일부터 시행된 FIU법(특정금융거래정보의 보고 및 이용 등에 관한 법률) 개정안에 따라 의심거래 보고 기준(1,000만 원)이 폐지되었다. 이에 따라 과세당국이 차명계좌를 적발할 여지가 훨씬 더 커졌다.

국세청은 "FIU 정보를 대기업·대재산가, 고소득 자영업자, 민생침해자, 역외탈세자 등 지하경제 4대 중점 분야에 적극 활용해 엄정하게 세무조사를 집행해나가겠다"라고 밝혔다. 따라서 CEO들이 기업을 운영하면서 가공세금계산서를 은닉하거나, 비자금 확보를 위한 위장거래를 위해 차명계좌를 운용할 경우 자금출처 또는 기업 법인조사까지 연결될 수 있으므로 주의해야 한다. FIU의 구체적인 내용은 '12장'에서 다루기로 한다.

FIU법 시행에 따른 금융거래정보 자금추적 흐름

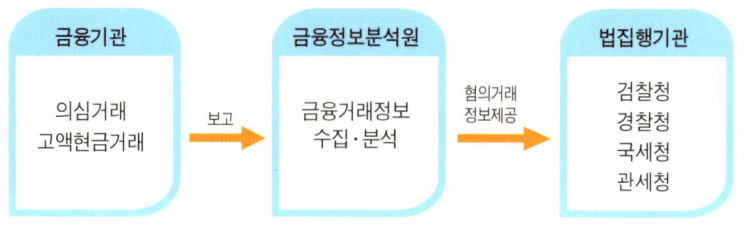

금융기관		금융정보분석원		법집행기관
의심거래 고액현금거래	보고 →	금융거래정보 수집·분석	혐의거래 정보제공 →	검찰청 경찰청 국세청 관세청

국세청 FIU정보 활용 세무조사 사례

대기업 제약회사의 영업사원이 법인계좌에서 매월 수십 차례에 걸쳐 소액 현금을 분할 인출하여 병원 및 약국에 리베이트로 지급한 정황을 포착하여 법인세 등을 추징

◆ 인적사항

- 사업장 : ○○시 △△구
- 상 호 : □□ 제약
- 업종 : 제조 / 의약품
- 성 명 : ○○○

◆ 주요 적출사항

제약회사

매월 수십 차례
분할 현금출금

간이영수증
처리후
리베이트로
지급

영업사원

간이영수증

병원 및 약국

✎ 사례 2

다수의 건물을 보유한 400억 원대 대재산가가 직접 운영하는 모텔의 현금
수입을 누락하고, 일부는 가족이 주주인 전대법인을 설립해 수입금액을 누
락한 후 저가 임차료를 받는 방법으로 소득세 등을 탈루

◆ 인적사항

- 사업장 : ○○시 △△구
- 상 호 : □□□□
- 업종 : 숙박 / 여관업
- 성 명 : ○○○

◆ 주요 적출사항

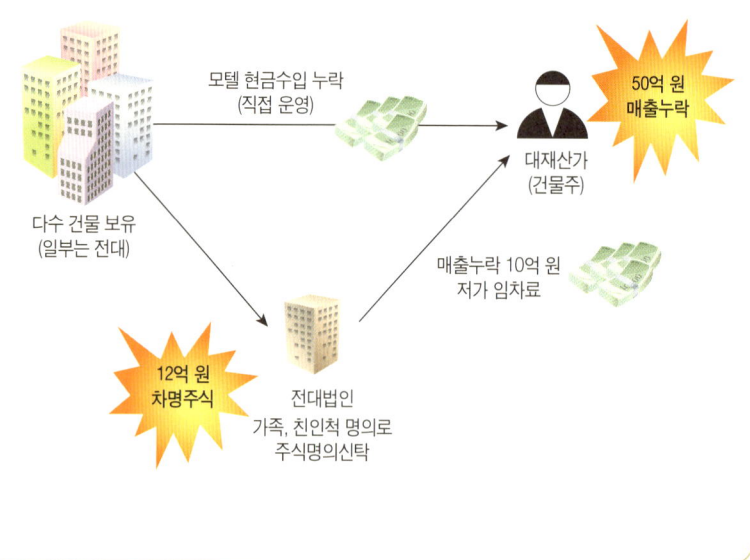

04_

'PCI 분석시스템'
돋보기로 기업가들을 보다

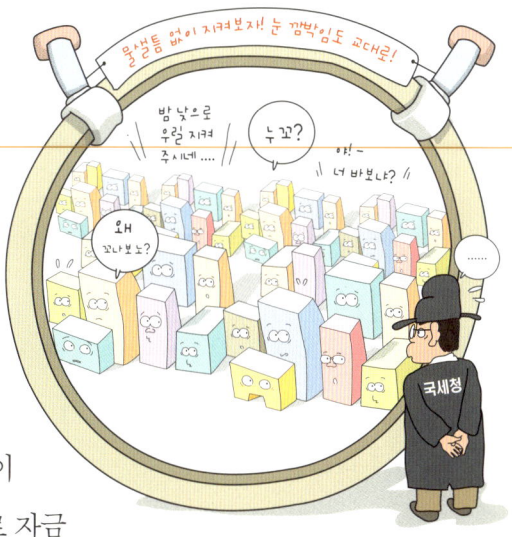

중견 제조업체 M사의 대표이사는 노후생활을 위해 강남에 위치한 50억 원 상당의 부동산을 구입하였다. 10억 원 정도의 대출을 받아 별생각 없이 건물을 구입했는데, 이 일로 자금 출처조사까지 받을 줄은 미처 예상치 못했었다. 국세청의 통보를 받고 들어가 보니 해외여행으로 인한 신용카드 사용액은 물론이고 국내 신용카드 사용액, 기타 골프회원권 구입내역 등 현재까지의 지출이 고스란히 자료화되어 있었다.

　지금까지 받은 대표이사로서의 급여는 자산으로 축적되지 않고 모두 소비금액으로 사용되었다고 간주한 국세청은 건물 취득자금에 대해 강도 높은 세무조사를 벌였다. 또한 건물을 취득하면서 법인의 자금을 유용했을 가능성이 있다고 보고, 추가적으로 법인에 대한 세무조사도 실시하였다.

PCI 분석시스템이란

　'소득-지출 분석시스템'은 국세청에서 보유하고 있는 과세정보 자료를 체계적으로 통합 관리하여 일정 기간 동안의 신고소득Income과 재산증가Property 및 소비지출액Consumption을 비교·분석하는 시스템이다. 우리말로는 약칭 '소득-지출 분석시스템'이라 하고, 영문으로는 약칭 'PCI 분석시스템Property, Consumption and Income Analysis System'이라 부른다.

　PCI 분석시스템은 탈루소득(납세자가 신고하지 않은 소득) 대부분이 결과적으로 부동산, 주식 등을 취득하거나 해외여행 등의 호화 소비지출로 나타난다는 점에 착안하여, 국세청에서 보유하고 있는 신고소득 자료, 재산보유 자료, 소비지출 자료를 통합 비교·분석하는 역할을 한다. 즉 세금탈루 혐의자를 전산으로 추출해냄으로써 지능적 탈세에 보다 효과적으로 대처하기 위한 시스템이다.

PCI 분석시스템 활용으로 인한
자금출처조사

국세청은 PCI 분석시스템을 이용하여 영리법인의 개인 사주가 회사자금을 임의로 유용하여 자신의 소비지출 및 재산증식에 사용했는지 여부를 검증하고, 취득 능력이 부족한 사람(소득이 없는 자·미성년자 등)이 어디서 자금을 마련해 고액의 부동산 등을 취득했는지 확인한다. 한마디로 자금출처를 관리하는 데 활용하는 것이다. 또한 고소득 자영업자 가운데 세무조사 대상자를 선정할 때도 PCI 분석시스템을 활용한다. 즉 신고소득에 비해 재산증가나 소비지출이 큰 사업자 위주로 선정하게 되는 것이다.

※ 기업 CEO들은 사적으로 사용해야 할 비용을 법인카드로 사용하는 것을 조심해야 한다(주말 골프 비용, 미용실 비용, 해외여행 비용 등).

부동산·주식·회원권·차량의 보유내역은 모두 국세청이 전산상으로 파악 가능한 자료들이며, 금융재산은 이자소득·배당소득에 대한 원천징수내역을 은행이 국세청에 보고하여 알 수 있다. 해외여행 횟수, 신용카드 및 현금영수증 사용분은 모두 국세청에 자동적으로 보고되어 전산상으로 관리되고 있다.

05_

일감몰아주기 과세제도, 경제민주화를 논하다

일감몰아주기 사례

현재 우리나라 광고업계의 1, 2위가 제일기획과 이노션이다. 이노션은 2005년 5월 자본금 30억 원으로 설립된 후 2010년에 이르러 자기자본이 약 1,500억 원으로 증가하였다. 2011년 기준으로 이노션의 시장점유율은 33.8%로, 40.2%인 제일기획을 바짝 추격하고 있다.

이 같은 이노션의 초고속 성장은 계열회사들의 '일감몰아주기'에 힘입은 바 크다. 이노션의 전체 매출액 중 약 절반이 현대자동차그룹 계열사들에 대한 매출이다. 이 회사의 주주는 현대자동차그룹의 정몽구(20%), 정선이(40%), 정의선(40%)으로 구성되어 있다. 이들 주주 3인은 막대한 현금배당과 주식평가차익을 누리고 있다.

또 다른 사례를 들어보자. 현재 해운업계가 실적 부진으로 큰 어려움을 겪고 있는 가운데, 유일하게 현대글로비스만 승승장구하고 있다. 해운업계 1위인 한진해운은 2013년 3분기에 210억 원의 영업손실을 기록했으나, 현대글로비스의 영업이익은 1,678억 원이었다. 이는 현대자동차그룹이 글로비스의 든든한 배경으로 버티고 있기 때문이다. 현대글로비스는 계열사 기아와 현대자동차의 물동량을 사실상 전담하고 있다.

일감몰아주기 과세 배경

과세당국은 현대글로비스와의 행정소송에서 패한 뼈아픈 기억을 가지고 있다. 현대자동차그룹은 계열사의 물류업무를 전담시키기 위해 현대글로비스를 설립하고 물량을 몰아주었다. 일감몰아주기의 대표적 사례다. 과세당국은 현대글로비스에 운송용역을 몰아준 현대모비스에 대하여 '부당행위계산부인' 규정을 적용하여 과세하였다. 만일 지원법인(용역을 받고 대가를 지급한 법인: 현대모비스)이 수혜법인(용역제공자: 현대글로비스)에게 시가보다 높게 대가를 지불했다면, 이는 부당행위계산부인에 해당되어 지원법인의 지출비용은 부인되어 각 사업연도 소득에 가산된다. 문제는 현대모비스가 시가보다 높게 대가를 지불했다는 것을 과세당국이 입증할 수 있느냐 하는 것이었다.

결국 과세당국은 이것을 입증하는 데 실패하여 소송에서 패했다.[3]

이러한 패배를 거울삼아 정부가 일감몰아주기에 대한 실효성 있는 제재를 위해 도입한 세법이 '일감몰아주기 증여의제'다.

일감몰아주기 과세 요건

수혜법인(일감을 받은 법인)이 그 지배주주와 특수관계에 있는 법인과 전체 매출액 대비 30%를 초과하여 거래를 하였고, 수혜법인의 지배주주와 그 친족으로서 주식보유 비율이 3%를 초과하는 경우 수혜법인의 영업이익을 기준으로 계산한 이익을 증여받은 것으로 보아 과세되는 증여세(상증법 제45조의 3)이다.

이 제도는 2011년 말 도입되어 2012년 거래분부터 적용되었으며, 2013년도는 본격적인 시행 첫해로서 수혜법인이 12월 말 결산법인인 경우 해당 지배주주와 그 친족은 7월 31일까지 신고납부하였다.

> 1억 원의 세후 영업이익을 낸 수혜기업 A가 있고, A의 직접 주식 비율이 50%인 지배주주 B와 매출의 70%를 거래했다고 가정하면 B는 A에게 1,880만 원[세후 영업이익 1억 원×(특수관계법인 거래비율 70%−30%)×(주식보유 비율 50%−3%)]을 증여한 것으로 간주된다. 이에

---

3) 출처 : [경제이야기] 일감몰아주기 증여세 과세의 배경과 중소기업 과세논쟁(온돌뉴스)

따라 1,880만 원에 증여세율 10%를 곱해 188만 원의 세액이 산정되고, 기한인 7월 31일까지 신고를 하면 10%만큼의 세액이 공제돼 총 169만 2,000원을 일감몰아주기 증여세로 내야 한다.

일감몰아주기 과세 요건

1️⃣ 수혜법인(일감을 받은 업체)의 세후 영업이익이 있어야 하고

2️⃣ 수혜법인과 특수관계법인 거래비율이 30%를 초과하며

3️⃣ 수혜법인에 대한 지배주주의 주식 직·간접 보유비율이 3%를 초과한 경우

※ 중소·중견기업 거래비율 50% 초과, 보유비율 10% 초과

일감몰아주기 신고, 중소기업만 '카운터펀치'

2013년도 일감몰아주기 증여세를 신고한 상호출자제한 기업집단 (대기업)의 주주는 전체 신고자의 1.5%인 154명이었으며, 이들은 전체 납부세액의 43.1%인 801억 원을 신고하였다. 아울러 상호출자제

한 기업집단에는 속하지 않으면서도 매출액이 1,000억 원 이상인 일반법인 주주는 전체 신고자의 22.6%인 2,332명, 납부세액은 776억 원(41.7%)으로 나타났다. 신고자 수로는 중소기업(매출 1,000억 원 미만) 주주가 7,338명(75.9%)으로 가장 많았지만 납부세액은 282억 원으로 전체의 15.2%를 차지했다.

일감몰아주기 증여세 납부 법인 유형별 신고 현황

법인유형	법인수(개)	신고인원(명)	납부세액(억 원)	1인당 세액(백만 원)
합계	6,089	10,324	1,859	18
상호출자제한 기업집단	177 (2.9%)	154 (1.5%)	801 (43.1%)	520
일반법인	1,507 (24.8%)	2,332 (22.6%)	776 (41.7%)	33
중소기업법인 *	4,405 (72.3%)	7,838 (75.9%)	282 (15.2%)	4

※ 조세특례제한법상 기준으로 매출액 1,000억 원 미만

* 출처 : 국세청 자료

일감몰아주기 신고, 문제점 노출하다

일감몰아주기 과세는 기존 대기업집단이 모기업은 물론 계열사 지분을 갖고 순환출자 고리로 연결해 일감몰아주기와 지원성 대출 등을 통해 덩치를 불리고 있다는 시각으로 "대기업 계열사 간의 일감몰아

주기는 잠재적으로 중소기업의 수익을 뺏는 행위다", "일감몰아주기는 재벌 총수들의 부당한 이익을 관리하기 위한 수단이다", "동반성장, 경제민주화를 위한 첫 번째 발걸음은 일감몰아주기 규제다"라는 취지로 도입되었다.

그런데 중소·중견기업들이 일감몰아주기 과세로 직격탄을 맞아 아우성이다. 2013년 처음으로 적용된 일감몰아주기 증여세 대상 중 대다수가 대기업이 아닌 중소·중견기업에 집중됐기 때문이다. 국세청은 2013년 일감몰아주기 증여세에 대해 1만 324명이 1,859억 원을 자진 신고했다고 밝혔으나 중소기업중앙회 등 중소기업계에서는 이번 신고자의 98.5%가 중소·중견기업 주주라고 설명하며, 일감몰아주기 과세 대상에서 중소·중견기업을 제외해야 한다는 입장이다.

'일감몰아주기' 규제안 시행임박… 재벌들 이미 빠져나가

세금 없는 편법승계의 대표적인 사례로 지목돼온 '일감몰아주기' 규제 법안 시행을 20여 일 앞두고 있는 가운데, 다수의 재벌그룹 핵심 계열사들이 합병이나 총수 일가의 지분 낮추기 등을 통해 규제대상에서 빠져나갈 전망이다. 공정거래위원회는 지난해 10월 자산 5조 원 이상 43개 대기업집단 소속 계열사 중 총수 가족의 지분과 내부거래 비율이 높은 계열사의 '일감몰아주기'를 금지하는 내용의 공정거래법 시행령 개정안을 입법예고하고 내달 14일부터 시행할 계획이다.

문제는 재벌들이 계열사 간 합병, 총수 일가족 지분 이동 등으로 규제 대상에서 빠져 나가고 있지만, 이 같은 변화가 대부분 실질적인 총수 일가족의 지분가치나 내부거래 규모 감소를 말하고 있지 않다는 점에서 논란이 예고되고 있다.재벌닷컴이 '일감몰아주기' 규제대상에 지정된 122개사를 대상으로 공정거래법 시행령 개정안이 입법예고된 작년 10월 이후 '경영변동사항'을 조사한 결과에 따르면, 모두 20개사가 합병이나 총수 일가족 지분 감소 등의 수법으로 규제 대상에서 벗어날 전망이다. 경영변동사항은 일가족 지분 감소 12개사, 계열사 간 합병 11개사, 영업양도 또는 인수 3개사, 매각 1개사, 모그룹 대상 제외 1개사 등이다.

삼성그룹은 지난해 12월 이재용 삼성전자 부회장이 대주주(45.69%)로 있던 삼성SNS를 삼성SDS와 합병시켜 '일감몰아주기' 규제대상에서 빠져나갔다. 이 부회장이 45.69%의 지분을 보유하고 있던 삼성SNS는 2012년 기준으로 내부거래율이 전체 매출액의 55.62%를 차지하면서 대표적인 일감몰아주기 회사로 지목됐으나, 합병 이후 이 부회장의 삼성SDS 지분율은 11.25%로 낮아졌다.

이건희 회장 가족이 46.04%의 지분을 보유한 삼성에버랜드는 작년 12월 내부거래가 거의 없는 제일모직 패션사업부를 인수하는 대신 내부거래가 많은 식자재사업을 떼어내 삼성웰푸드로 넘겨 내부거래 비율을 대폭 축소시켰다.

정의선 현대차 부회장이 대주주로 있는 현대엠코는 현대엔지니어링과 합병하면서 규제대상에서 제외될 것으로 보인다. 합병 전 현대엠코는 정몽구 현대차그룹 회장과 정의선 부회장이 모두 35.06%의 지분을 보유했으며, 2012년 기준 내부거래율은 전체 매출액의 61.19%에 달했다.

허창수 GS그룹 회장 친척이 대주주로 있던 STS로지스틱스와 승산레저, 이중근 부영그룹 회장 일가족이 대주주인 신록개발과 부영CNI, 이호진 전 태광그룹 회장 일가족이 대주주인 티시스와 티알엠도 계열사에 합병하면서 규제대상에서 벗어났다.

김영대 대성산업 회장의 친족이 대주주로 있는 서울도시산업, 윤석민 태영그룹 부회장이 대주주로 있던 태영매니지먼트도 개정안 입법예고 직후 계열사 간 합병으로 법인이 소멸해 규제대상에서 빠져나갔다.

총수 일가족의 지분을 줄이면서 규제대상에서 제외된 곳도 적지 않다. 장세주 동국제강그룹 회장과 장세욱 유니온스틸 사장 형제는 15%씩 지분을 보유하던 SI업체인 디케이유엔씨의 지분 전량을 지난해 11월 81억 원을 받고 유니온스틸에 매각해 규제에서 벗어나게 됐다.

STX건설과 포스텍은 감자와 유상증자로 대주주이던 강덕수 STX그룹 회장 가족의 보유 지분이 2% 미만으로 낮아졌으며, 세아네트웍스는 이태성 세아홀딩스 상무 일가족이 지분 25.23% 전량을 세아홀딩스에 매각해 규제대상에서 벗어났다.

한라아이앤씨는 대주주이던 정몽원 한라그룹 회장이 보유 지분을 모두 계열사에 넘겼고, 이수영 OCI그룹 회장 일가족은 쿼츠테크 지분을 20.79%에서 15.44%로 낮춰 규제대상에서 빠져나갔다.

김준기 동부그룹 회장 일가족이 대주주로 있는 동부씨엔아이는 재무구조 개선을 위해 매각될 예정이며, 현재현 동양그룹 회장 일가족이 대주주로 있는 동양레저는 그룹 전체가 대기업 집단에서 제외되면서 규제대상에서 빠질 것으로 전망된다.

* 출처 : 재벌닷컴, 2014년 1월 20일자 기사

2014년 일감몰아주기,
중소기업은 제외하고 중견기업은 풀어주다

지금까지는 대기업, 중견기업, 중소기업 등 기업 규모와 상관없이 법인사업자인 경우 무조건 일감몰아주기 과세대상에 포함되었다. 법인의 지배주주와 특수관계에 있는 법인의 매출액 비율이 30%를 초과하면 무조건 세금이 부과되었던 것이다. 하지만 국회에서 중소·중견기업에 대기업과 똑같은 잣대를 대는 것은 불공평하다는 공감대가 형성되면서 2014년부터 중소기업 간 거래에서 발생되는 매출액은 과세대상에서 제외하기로 했다.

다만, 논의 과정에서 중견기업까지 대상에서 제외시킬지 여부에 대해 여야 간에 이견이 있었지만 적당한 선에서 합의점을 찾았다. 중견기업의 경우에는 정상거래 비율이 30%에서 50%로, 한계보유 비율이 3%에서 10%로 상향조정되었다. 이에 따라 연간 약 396억 원의 세수가 줄어들 전망이다.

2014년부터 중소기업들은 일감몰아주기 과세에서 제외되므로 신설회사의 설립으로 인한 가업승계 작업이 보다 수월해질 것으로 판단된다.

06_

기업의 발목을 자르는
적격증빙 없는 경비,
회사를 삼키다

면세법인을 10년간 운영해온 교육업체는 2013년도 하반기에 국세청의 적격증빙 소명안내문을 받고 화들짝 놀랐다. 지난 5년간 법인 결산 시 면세법인이 비용으로 처리한 내역과 적격증빙 여부를 전산분석하여 차이 부분을 대금증빙내역과 함께 소명하라는 통지를 받았기 때문이다. 거래상대방에게 대금지급내역이 있지만 소명을 할 경우 거래상대방에게 매출누락에 따른 세금이 고지된다는 사실을 알고 깊은 고민에 빠져 있다.

가공경비, 부적격경비, 사적경비 등 조기 전산분석

최근 국세청에서는 법인 결산서상 비용과 적격증빙 수취금액을 전산분석하여 실질 지출내역이 맞는지에 대해서 소명안내문을 대부분 보내고 있다. 법인세 신고 후 세무조사 시에만 문제되었던 가공경비, 부적격경비, 사적경비 등이 전산분석으로 조기에 문제되고 있는 것이다.

현재 중소기업을 운영하는 대표이사는 본인 회사의 법인 결산 시 제조원가 및 일반판매관리비에 대하여 적격증빙(세금계산서·계산서·신용카드 전표·현금영수증)과 차이 나는 금액에 대해서 반드시 차이분석을 해야 한다. 특히 면세법인들은 부가가치세가 '매입세액불공제'되는 것을 피하기 위해 간이영수증으로 대처하는 경우가 있는데, 향후 세무조사나 적격증빙 수취조사 시 거래상대방에게 피해를 주어 법적 분쟁이 생길 수도 있음을 명심해야 한다.

적격증빙으로 인정받기 위해서는 거래상대방도 세무조사

세법에서는 모든 영수증에 대하여 비용으로 인정하지 않고 일정한 요건이 갖춰진 영수증을 수취하는 경우에만 비용으로 인정하는데, 이를 '적격증빙'이라고 한다. 만일 적격증빙을 수취하지 않을 경우 법인의 사업소득 계산 시 경비가 인정되지 않거나 인정이 되더라도 거래 상대방에게 법인 수입금액 누락 또는 개인 사업수입금액 누락이라는 파생통보를 하여 거래상대방도 세무조사를 받아야 한다. 따라서 당해 법인 및 거래상대방 사업자의 보호를 위해서는 반드시 적격증빙을 수취하여야 한다. 2013년부터는 법인 세무조사보다 적격증빙 소명안내문이 더 중요한 위력을 발휘하고 있다.

07_

법인가수금이
매출누락 대금인지
전산분석한다

중소기업 E사는 매출 구조는 도매매출이 80%, 소매매출이 20% 정도 발생한다. 경리담당자가 법인통장으로 입금된 소매매출 금액을 누락하여 대표자 가수금으로 회계처리를 하였다.

최근 대표자는 현재까지 가수금으로 회계처리된 누적금이 약 20억 원 정도 된다는 사실을 듣고 깜짝 놀랐다. 세무사에게 급하게 물어보니 회사가 매출누락하여 가수금 처리된 금액은 법인에게는 부가가치세와 법인세 및 가산세가 부과되고, 대표자에게는 상여처분되어 소득세가 과세된다는 사실을 알게 되었다. 추징 세금 규모는 누락한 20억 원만큼 과세된다고 한다. E사의 대표자는 이 이야기를 듣고 큰 시름에 빠졌다

가수금의 회계학적 개념

'가수금'은 가지급금과 반대되는 개념으로 현금의 수입은 있었으나 처리할 계정이 미확인이거나, 계정은 알 수 있으나 금액이 미확정일 경우에 이것이 확정될 때까지 일시적으로 수입을 처리하는 가계정을 말한다. 그러므로 과목 또는 금액이 확정되면 적당한 과목으로 대체해야 한다. 특히 가수금은 손익을 은폐하는 데 악용하기 쉬우므로 일시적으로 사용했다가도 결산 시에는 그 내용을 명시하는 계정으로 대체해야 한다.

가수금 계정과목의
악용에 대한 응징

2013년도부터 법인 결산서에 기재된 가수금이 실질적으로 어떠한 명목인지를 국세청은 집중적으로 소명받고 있다. 기업체들이 매출누락 금액을 가수금으로 기록하고 향후 대표이사에게 가수금을 반제하는 형식으로 회사 돈을 빼가는 사례가 빈번하게 발생하기 때문이다.

법인세 신고 시 매출누락이나 가공세금계산서 수취에 대한 금액이 대표자 가수금으로 회계처리된 경우, 이 가수금은 사회유출된 것으로 간주해 대표자에게 상여처분을 하고 있다.

국세청은 "매출누락 또는 가공세금계산서 수취금액에 대해 상대계정을 대표자 가수금으로 회계처리한 경우 기말 현재 잔액 상당액이 남아 있다고 해서 유보처분하는 사례가 빈번하지만, 매출누락액이 대표이사 가수금 명목으로 법인에 입금되어 실제의 현금유출이 없었다 하더라도 이 가수금이 부채계정에 있는 이상 앞으로 대표이사에게 변제해야 할 채무"라고 판단하고 있다.

실질은 유출된 것과 동일하기 때문에 이 금액은 이미 사외유출되어 대표이사에게 귀속된 것으로 봐야 한다. 즉 가수금은 대표이사가 법인으로부터 회수할 수 있는 별도의 채권에 해당해 가수금으로 계상한 시점에 대표자에게 귀속되는 것으로 본다.

08_

받지 못한
대표이사 가수금에도
상속세가 부과될 수 있다.

국내 굴지의 섬유회사를 운영하는 대표의 장남이 저자를 찾아왔다. 그는 수년 전 아버지가 최신식 방적기계를 도입하기 위해 회사에 가수금 명목으로 150억 원을 투입하여 최신식 설비라인을 갖추었다고 하였다. 그런데 여러 가지 경기변동과 업종불황으로 매출은 대폭 감소되었고, 설상가상 아버지가 폐암으로 건강 상태가 좋지 않다는 것이다.

그는 또 아버지가 사망할 경우 회사의 가수금은 회사가 아버지에게 반제해야 할 금액이 되나, 현재 회사가 어려워서 갚지 못할 거라고 하였다. 이렇게 받지도 못하는 150억 원에 대해 75억 원의 상속세를 내야 한다니, 도무지 납득이 가지 않는다고 하소연하였다.

가수금이 회수불능 채권인가?

상속개시일 현재 피상속인에게 귀속되는 채권(가수금)은 '상속세 및 증여세법' 제7조의 규정에 의한 상속재산에 포함된다. 회사로부터 가수금을 받을 수 없는지 여부는 상속세 산정 시 영향을 미친다. 상속개시일 현재 회수불가능한 것으로 인정되는 경우에는 그 가액은 상속재산가액에 산입하지 아니할 수 있다. 하지만 앞과 같은 상황은 회수불능이라고 보기에는 어려우며 상속세가 과세될 가능성이 상당히 높다.

한편, 회사의 비상장주식 평가에서 대표이사의 가수금은 회사의 부채로 자산가치에 반영되어 상속될 지분가치를 감소시키는 데 영향을 미치기 때문에 전체적으로 억울한 세금은 아니다. 그러나 상속인의 입장에서는 결론적으로 비상장주식의 가치에 영향을 미치는 감소효과보다 가수금이 고스란히 상속재산에 포함되는 증가효과가 훨씬 더 크기 때문에 문제가 되는 것이다.

가수금을 자본으로 전환하라

개정 상법에 따르면 2012년 4월 15일 이후부터는 주금의 상계금지제도를 폐지하였으므로 대표이사의 가수금을 바로 상계처리하여 자본화할 수 있게 되었다.

　가수금을 자본화하는 경우에는 가수금을 확인할 수 있는 차용증과 회사와 주식인수인 간 채권, 채무를 상계하는 약정서를 구비하여 납입 채무(자본)와 채권채무(가수금)를 상계할 수 있다. 또 가수금을 자본 으로 전환하는 경우에는 부채 비율이 감소되어 회사의 차입금 상환 압 박에서 벗어날 수 있을 뿐 아니라 자본으로 전환된 가수금을 가업상속 공제 대상 요건에 해당되도록 검토하여 세금을 최소화시킬 수 있다.

09_

법인가지급금이
다른 계정으로 숨겨진 경우
상여처분된다

국내 자동차부품회사 F사는 회사를 경영하는 과정에서 원인모를 가지급금이 발생하였다. 대표자는 가지급금이 발생할 경우 세무상 매우 복잡한 문제가 생길 뿐만 아니라, 금융권의 신용평가에서도 안 좋은 영향을 미칠 수 있다는 이야기를 주변 지인으로부터 전해 듣고 나름 해결방법을 찾아냈다. 즉 회사 가지급금을 외상매출금의 증가로 수정 회계처리하고, 일부는 외상매입대를 감소시키는 회계처리를 한 것이다. 이렇게 회계처리하여 가지급금을 숨겨놓아도 아무 문제가 없는지 저자를 찾아와 물었다.

가지급금이란

실제 현금의 지출은 있었지만 거래의 내용이 불분명하거나 거래가 완전히 종결되지 않아 계정과목이나 금액이 미확정인 경우, 그 지출액에 대한 일시적인 채권을 표시하는 과목이 '가지급금'이다. 즉 현금의 지출은 있었으나 그 사용내역과 금액이 불명확하여, 그것이 확정되는 시점까지만 현금의 지출에 대한 수취채권으로 표시하는 것이 가지급금이라는 것이다.

따라서 이 채권계정은 일시적인 성격을 갖는 수취채권이기 때문에 늦어도 결산기 말까지는 그 내역을 명확히 조사하여 확정된 계정과목으로 대체시켜주어야 한다. 세무상 가지급금이라 함은 명칭 여하에 불구하고 당해 법인의 업무와 관련이 없는 자금의 대여액을 말한다.

가지급금의
변칙처리 상여처분 조심하라

회계처리가 완벽하지 않는 중소기업의 가지급금은 골치 아픈 존재다. 가지급금이 어떻게 발생되었는지조차 파악하지 못하는 경우가 많다. 가지급금이 발생되면 법인의 지급이자 손금불산입, 대손충당금 설정불가 및 대손처리 불가, 대여금에 대한 이자수취의무 발생, 청산 시 대표자에 대한 상여처분(소득세 과세) 등의 세법상 제재가 따른다. 또한 금융권의 신용등급 산정 시에도 불리하게 작용을 한다.

이와 같은 제재 및 불이익을 피하기 위해 일부 중소기업들은 가지급금 계정을 외상매출금의 증가로 회계처리하거나 외상매입금의 감소로 회계처리하기도 한다. 제조업인 경우에는 재고자산의 증가로 회계처리하기도 한다. 즉 가지급금은 회사 입장에서 대여금 성격의 자산이므로 회사의 다른 자산을 늘리거나 부채를 감소시키는 회계처리를 하여 가지급금을 숨기는 것이다.

최근 가지급금의 적정 여부에 대한 국세청의 조사가 상당히 진행되고 있으며, 고의적으로 가지급금을 외상매출금의 증가, 외상매입대의 감소, 재고자산 증가로 회계처리하는 경우에는 대표자가 가지급금을 반제할 의사가 없는 것으로 간주하여 상여처분될 위험성이 존재한다. 이때는 반드시 세무 전문가와 상의하여 세무적인 리스크가 없는 방향으로 가지급금을 처리하여야 한다.

10 | 우리나라의 상속세를 **논하다**

01_

상속세가
필요한 보편적인 이유는
'국민적 갈망' 때문

모으지 말고 써버려라!
이것이 자산가들의 미덕이다

　지금까지 저자는 금융·재산 세무 전문가로서 많은 상속세 실무를 담당하고 있다. 그러면서 만난 대부분의 자산가들은 불평을 늘어놓는데, 한결같이 국가에 대한 불평이다. 그들은 비록 200억 원의 상속재산을 받아서 그중 70억 원을 상속세로 내고, 수중에 130억 원을 가졌음에도 공허함을 떨칠 수 없는 모양이다. 그래서 상속세를 일부 전문가들은 '탐욕세'라고 하기도 한다.

　상속세를 과세하는 이유가 부의 세습을 억제하고, 모든 사람의 경제적 출발점을 비슷하게 하여 기회균등을 제고하기 위해서라고 한다. 아

무리 '노블리스 오블리주Noblesse oblige'를 강조하는 세금이더라도 가
난을 극복하고 부를 세습하기 위해 수십 년간 열심히 일한 기업경영자
에게는 '부의 세습 억제'라는 단어가 낯설어 보이는 것이 현실이다. 세
무 전문가로서 상속세가 필요한 보편적인 이유를 생각해봤을 때 기회
균등, 노블리스 오블리주 외에 빈곤층을 대변하는 '국민적 갈망'이라는
단어가 조심스레 떠올려질 뿐이다.

저자는 거액의 자산가들에게 항상 "돈을 다 써서 없애버려라"라고
말한다. 우리나라에 살지 않고 해외로 가지 않는 한 세금을 줄일 수 있
는 방법은 한정되어 있다. 우리나라 상속세율은 최고세율이 50%이다.
따라서 자산가들이 돈을 소비할수록 50% 세금이 줄어드는 것이나 마
찬가지다. 즉 세상의 모든 재화와 용역을 50% 할인된 가격에 이용할
수 있는 국가적 혜택을 누리라는 것이다.

우리나라 상속세 현황과
상속세의 진실은 무엇인가?

현행 세법에서는 중산층의 상속세에 대한 불안감을 덜어주고 상속인의 생활안정 및 기초생활 유지를 위하여 상속공제를 폭넓게 인정하고 있다. 공제해주는 금액을 살펴보면 배우자가 살아 있는 경우 최소 10억 원, 최고 35억 원(일괄공제 5억 원, 배우자공제 5~30억 원)에 달해 일부 거액의 재산가를 제외한 대다수 국민은 상속세를 전혀 부담하지 않는 것이 현실이다.

또한 피상속인이 부담해야 할 채무나 공과금을 상속재산에서 추가로 공제해주기도 한다. 게다가 상속재산은 시가로 평가하는 것이 원칙이지만, 대부분 시가 확인이 어렵기 때문에 개별공시지가나 주택 공시 가격 등으로 재산을 평가하게 된다. 결과적으로 상속재산이 시가 10억 원보다 많더라도 상속세를 전혀 부담하지 않는 경우가 많다.

이에 반해 국민 개개인의 재산 현황을 속속들이 파악할 수 없는 낙후한 세원 파악 시스템이 커다란 장애 요인이라서 상속세를 도입할 수 없다는 중국의 이야기는 마치 먼 나라 이야기처럼 들린다.

상속세 과세인원 및 총결정세액 현황

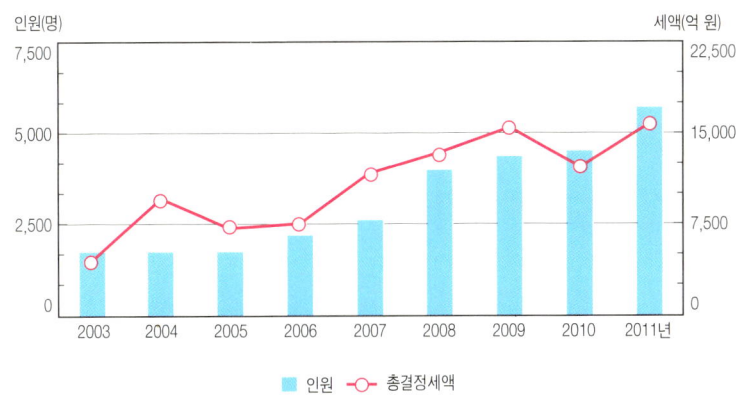

* 출처 : 통계청(e-나라지표)

상속세 결정현황

(단위 : 명, 억 원)

연도	2003	2004	2005	2006	2007	2008	2009	2010	2011
인원	1,720	1,808	1,816	2,221	2,603	3,997	4,340	4,547	5,720
과세 표준	15,418	28,757	26,458	25,104	36,167	44,133	53,366	43,979	53,280
총결정 세액	4,623	9,540	7,256	7,576	11,666	13,329	15,464	12,217	15,545

* 출처 : 국세청(내부행정자료)

02_

상속세의 뜨거운 논쟁,
중국으로 가라!

상속세 내기 싫어 거주지를 바꾼다?

흔히들 "상속세를 내고 싶지 않거든 상속세가 없는 중국이나 필리핀으로 이민을 가라"라고 말한다. 자산가들이 상속세를 납부하기 싫으면 언어가 통하지 않더라도 국내에 있는 모든 재산을 처분하여 중국이나 필리핀으로 이민을 가도 좋을 것이다. 하지만 저자의 경우라면 상속세를 최대한 합법적으로 줄여서 우리나라에 세금을 내고 이곳저곳 맘 편하게 돌아다니는 방법을 택할 것이다.

중국도 이미 상속세법 초안이 나와 있다. 지난 2007년 9월 처음으로 공개된 초안을 2010년 수정한 다음 적절한 시행 시기를 기다리고 있는 것이다. 이 수정 초안에 따르면, 상속인이 남긴 모든 재산이 징세 대상에 포함되도록 과세방침을 정하고 있다.

최근 중국은 갈수록 빈부격차가 심해져 여기저기서 불평불만이 터져나오고 있다. 중국의 상속세는 기득권층과 빈곤층의 대립을 첨예하게 반영하는 민감한 사안으로, 향후 '중국 정치인들의 당내 정치적 입지를 다지기 위한 수단'과 '중국 경제의 불평등을 시정하기 위한 목적'과 결합되어 도입될 가능성이 아주 높을 것으로 판단된다. 따라서 전 재산을 처분하여 중국으로 이민을 가더라도 언제까지 상속세를 내지 않을 수 있을지, 그것은 아무도 장담할 수 없다.

국내 재산을 두고 이민을 갈 경우, 비거주자로 분류되어 상속세액이 눈덩이처럼 커진다

일흔을 넘긴 김 씨는 젊은 시절 고생한 덕분에 지금은 국내에 상당한 예금(10억 원)과 부동산(기준시가 20억 원)을 보유하고 있으며, 자녀 또한 국내에서 대학교수 부부로 안정된 생활을 하고 있다. 김 씨의 소원은 휴양지 하와이로 이민 가서 배우자와 여생을 보내는 것이었다. 최근 김 씨는 친구들과의 만남에서 자신이 하와이에서 죽게 되면 비거주자라 국내에서 사망하는 것보다 거액의 상속세를 물어야 한다는 이야기를 들었다.

현행 '상속세 및 증여세법'상 상속공제는 국내 거주자의 사망인 경우에는 법에 열거된 모든 공제를 적용받을 수 있는 반면, 비거주자의 사망인 경우에는 기초공제 2억 원만 공제받을 수 있다.

김 씨가 국내 거주자로 분류되는 경우에는 기초공제, 배우자공제, 금융재산공제, 동거주택상속공제, 가업상속공제 등 각종 공제 혜택을 사용할 수 있다. 반면 김 씨가 비거주자로 분류되는 경우에는 기초공제 2억 원만을 사용할 수 있을 뿐이다. 김 씨가 국내의 모든 재산을 처분하여 하와이로 이민을 갈 경우 미국의 상속세와 한국의 상속세를 비교하여 상속세가 적게 나오는 국가를 선택할 수 있지만, 국내 재산을 처분하지 않는 경우에는 한국의 거주자로 분류되는 것이 유리할 것이다.

이와는 반대로 해외 자산이 많은 비거주자인 경우에는 국내 재산을 처분하여 해외로 재산을 이전한 후 거주하는 국가의 상속세를 적용받는 것이 유리하다. 미국의 경우 2014년도 기준으로 상속재산 500만 달러까지는 공제를 받을 수 있으므로 우리나라와 비교했을 때 한결 유리하다.

만일 거주자와 비거주자를 사전에 선택할 수 있는 경우라면 상속재산과 상속공제의 범위 등을 고려하여 판단해야 할 것이며, 또한 외국의 상속세와 국내의 상속세 부담을 비교했을 때 거주지국의 상속세율이 낮다면 국내의 재산을 사전에 처분해 해외에서 상속이 이루어지게 하는 것이 유리할 수 있다. 따라서 절세가 목적일 경우 모든 사항을 종합적으로 고려해봐야 한다.

거주자 및 비거주자의 상속세 비교

구분	거주자	비거주자
신고기한	상속개시일로부터 6개월 이내	상속개시일로부터 9개월 이내
관할관청	피상속인의 주소지 관할세무서	주된 상속재산 소재지 관할세무서
상속재산	국내외 모든 상속재산	국내 소재 상속재산
사전증여재산 합산대상	국내외 모든 증여재산	국내 소재 증여재산
공과금공제	상속개시일 현재 피상속인이 납부해야 할 공과금 중 미납부한 금액	국내 소재 상속재산에 대한 공과금
장례비공제	공제	공제 안 됨
채무공제	전액 공제 가능	일부분만 가능
상속공제	전액 공제 가능	기초공제(2억 원)만 가능

거주자와 비거주자의 구분

거주자로 보는 경우

국내에 거주하는 개인이 다음의 어느 하나에 해당하는 경우에는 국내에 주소를 가진 것으로 본다(소령 §2③ · ⑤).

① 계속하여 1년 이상 국내에 거주할 것을 통상 필요로 하는 직업을 가진 때

② 국내에 생계를 같이하는 가족이 있고, 그 직업 및 자산상태에 비추어 계속하여 1년 이상 국내에 거주할 것으로 인정되는 때

③ 외국을 항행하는 선박 또는 항공기의 승무원의 경우 그 승무원과 생계를 같이하는 가족이 거주하는 장소 또는 그 승무원이 근무기간 외의 기간 중 통상 체재하는 장소가 국내에 있는 때

비거주자로 보는 경우

국외에 거주하거나 근무하는 자가 다음의 어느 하나에 해당하는 경우에는 국내에 주소가 없는 것으로 본다(소령 §2④ · ⑤).

① 계속하여 1년 이상 국외에 거주할 것을 통상 필요로 하는 직업을 가진 때
② 외국국적을 가졌거나 외국법령에 의하여 그 외국의 영주권을 얻은 자로서 국내에 생계를 같이하는 가족이 없고, 그 직업 및 자산상태에 비추어 다시 입국하여 주로 국내에 거주하리라고 인정되지 아니한 때
③ 외국을 항행하는 선박 또는 항공기의 승무원의 경우 그 승무원과 생계를 같이하는 가족이 거주하는 장소 또는 그 승무원이 근무기간 외의 기간 중 통상 체재하는 장소가 국외에 있는 때에는 당해 승무원의 주소가 국외에 있는 것으로 본다.

거주자 판정 특례

국외에서 근무하는 공무원 또는 거주자나 내국법인의 국외사업장 등에 파견된 임원 또는 직원은 거주자로 본다(소령 §3). 거주자나 내국법인의 국외사업장에 파견된 임원 또는 직원이 생계를 같이하는 가족이나 자산상태로 보아 파견기간의 종료 후 재입국할 것으로 인정되는 때에는 파견기간이나 외국의 국적 또는 영주권의 취득과는 관계없이 거주자로 본다. 이 경우 국내에 생활의 근거가 있는 자가 국외에서 거주자나 내국법인의 임원이나 직원이 되는 경우에는 국내에서 파견된 것으로 본다(소통 §1-5).

소득세법상 거주자를 판단할 때 국내외 출입이 잦은 자는 국내에 단속적으로 체류하게 되는데, '계속하여'를 문언대로 해석할 경우 우리나라 거주자가 되지 않을 가능성이 매우 높다. 따라서 '일시적 출국'의 경우도 '국내 거주'로 보아 '계속하여'의 요건을 충족시키는 특칙이 있다(소득세법 시행령 제4조 제2항). 더 나아가 2년에 걸쳐 1년 이상 거주한 경우에는 국내에 1년 이상 거소를 둔 것으로 본다(소득세법 시행령 제4조 제3항). 연평균 183일 이상 수년간에 걸쳐 거주하는 경우에는 거주자가 된다는 것이다.

1,600억 원대 세금을 놓고 국세청과 '구리왕' 차용규 씨가 벌인 분쟁과 국세청이 '선박왕' 권혁 회장에 대해 4,101억 원을 추징한 사례는 거주자의 판단이 얼마나 중요한지 보여주고 있다.

03_

배우자에게
이전되는 재산에 대한
상속세 및 증여세

강남의 자산가 P씨는 배우자나 자녀에게 재산을 미리 증여할 경우 자신의 권위가 없어질뿐더러 향후 배우자나 자녀들에게 무시당할 수 있으므로 죽을 때까지 자산을 꼭 쥐고 있기로 마음먹었다. 하지만 세무사를 만나 대략적인 상속세를 계산한 결과, 생각보다 많은 상속세에 깜짝 놀라지 않을 수 없었다. 모든 재산을 틀어쥐고 있는 게 능사는 아닌 것 같았다.

배우자는 한계효용이 '0'인가?

한창 배가 고플 때는 뭘 먹어도 만족스럽다. 그런데 음식을 계속 섭

취할 경우에는 점점 배가 불러오면서 처음 느꼈던 만족감을 느끼지 못한다. 즉 소비량은 늘지만 그로 인한 만족감은 점차 줄어드는 것이다. 이처럼 소비자가 재화나 서비스를 1단위 더 소비할 때 느끼는 만족감인 '한계효용'은 소비량이 늘수록 작아지는데, 이를 '한계효용체감의 법칙'이라고 한다.

저자는 기업체에서 강의를 할 때 한계효용 법칙을 설명하면서 "배우자에 대한 효용이 마이너스(一) 상태"라고 이야기하곤 한다. 일종의 웃음을 유발하기 위해 던지는 말인데, 대다수 청중은 공감(?)의 폭소를 자아낸다. 하지만 달리 생각해보면, 대체재가 없는 상태에서는 역설적으로 최고의 효용가치는 배우자가 아닐까 싶다. 이번 장에서는 촌수가 없는 배우자와의 세금 문제에 대해 다양한 각도에서 이야기해보고자 한다.

배우자의 민법상 지위

배우자는 민법상 친족으로 되어 있으나 촌수는 없다. 배우자의 지위는 혼인에 의하여 생기게 되며, 혼인은 혼인신고를 함으로써 효력이 발생된다(민법 제812조 제1항). 따라서 혼인신고를 하지 않은 내연의 관계에 있는 사람은 법률적으로 보아 배우자라고 할 수 없다.

단, 사실혼의 경우에는 사실혼 관계증명을 통해 법률혼과 마찬가지로 이혼 시 재산분할청구권을 인정받을 수 있다. 사실혼 관계가 인정되면 사실혼 기간 중 부부가 공동으로 형성한 재산을 분할해달라고 청구할 수 있다. 또한 사실혼 관계에서는 가사노동을 통해 재산을 형성하고, 그 재산을 유지 및 관리하는 데 기여한 경우에도 재산분할청구가 가능하다.

배우자 상속의 순위

우리나라 민법에는 피상속인의 배우자, 직계비속, 직계존속, 형제자매, 4촌 이내의 방계혈족 순으로 상속순위를 규정(민법 제1000조)하고 있다. 상속인을 예측할 수 있도록 하여 상속으로 인한 분쟁을 방지하고자 법률로서 순위를 정해놓은 것이다.

피상속인이 사망하게 되면 직계비속이 있는 경우 배우자는 1순위 공동 상속권자가 된다. 또 직계비속이 없고 직계존속이 존재하는 경우 직계존속과 피상속인의 배우자는 1순위 공동 상속권자가 된다. 직계비속과 직계존속이 없는 경우 배우자는 단독 상속권자가 된다.

민법상 상속순위

구분		적용순위(법률혼 기준)	
		배우자(O)	배우자(X)
직계비속이 있는 경우		직계비속과 배우자	직계비속
직계비속이 없는 경우	직계존속이 있는 경우	직계존속과 배우자	직계존속
	직계존속이 없는 경우	배우자 단독	형제자매
형제자매도 없는 경우			4촌 이내 방계혈족

배우자의 법정 상속지분, 미국처럼 바뀐다

상속세를 계산할 때마다 이해할 수 없는 부분이 있다. 아내의 경우, 남편과 더불어 평생 자식을 키우며 공동으로 재산을 이룩했지만, 남편 사망 후 그 재산을 자녀들과 공동으로 물려받는다는 사실이다. 현행 민법은 배우자와 자녀 간 상속지분을 1.5 대 1로 규정하고 있다. 또한 피상속인이 일방적으로 재산을 배우자에게 물려준다는 유언을 하더라도 유류분제도로 인하여 자녀가 많을수록 배우자의 상속지분은 줄어드는 희한한 일이 발생한다.

그래서 저자는 개인적으로 다자녀로 인한 상속권의 불리함을 없애고, 노년 복지를 위해 더 이상 부양 필요가 없는 자녀의 상속분을 줄이기 위해 "배우자 상속분을 늘리는 쪽으로 법을 개정해야 한다"라고 쭉 생각해왔다.

예를 들어 미국식 재산분배 방식이 좋을 듯싶다. 배우자가 사망할 경우 일방의 배우자가 50% 우선 상속권을 가지고, 나머지 지분에 대해서 자녀들과 민법상 지분율대로 배분하는 방식 말이다.

다행히 2014년부터 법무부 민법 개정 특별분과위원회가 생존 배우자에게 상속재산의 절반을 먼저 떼어주도록 하는 내용의 상속법 개정 최종안을 확정하였다. 개정안이 국회에서 통과되면 지금까지 자식들에게 물려주던 수직적 개념의 상속이 생존 배우자가 우선되는 수평적 상속으로 바뀌게 될 것이다.

법규정	문제점 논의 중
민법 제1008조의 4와 5 신설	• 자녀들의 생계에 부정적 영향 • 대주주의 의도와는 다르게 기업경영권이 배우자에게 이전되는 문제 • 피상속인의 재혼에 따른 가족 간 갈등 • 재산의 사적처분 제한, 분쟁 위반

04_

배우자에게
이전되는 재산에 대한
개정 민법 적용 사례⁴⁾

배우자 상속, 얼마나 커지나?

남편이 10억 원(혼인기간 중 형성)의 재산을 남겼다고 가정 하자. 종전에는 자녀가 2명일 경우 아내는 자녀의 법정 상속분의 1.5배를 상속받았다. 아내와 두 자녀의 상속액 비율이 1.5 대 1 대 1이 되는 것이다. 금액으로 환산하면 아내는 4억 3,000만 원을, 자녀 2명은 각각 2억 8,500만 원을 받게 된다.

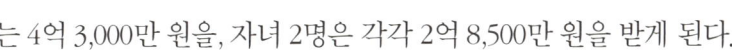

4) 국회 통과 시 적용

하지만 개정안이 확정되면 아내는 선취분으로 상속재산 10억 원의 절반인 5억 원을 우선 받고, 남은 5억 원을 자녀들과 이전처럼 법정 상속분대로 나눠 갖는다. 결국 아내는 7억 1,400여만 원(선취분 5억 원 +법정 상속분 2억 1,400여만 원)을, 두 자녀는 각각 1억 4,300여만 원을 받게 된다.

선취분에는 상속세 면제

개정안의 선취분은 상속이 아니라 부부가 공동으로 형성한 재산에 대해 생존 배우자가 본인의 몫을 찾아가는 것이어서 선취분에 대해서는 상속세를 물리지 않는다. 이혼에 의한 재산분할에 대해서 세금이 없는 것처럼 배우자에 대한 선취분 상속분도 재산의 협의분할로 보게 된다.

예를 들어 남편이 아내와 아들·딸 2명에게 30억 원의 재산을 남겼을 경우 지금은 상속인들이 모두 2억 9,000만 원의 상속세를 내야 한다. 하지만 아내의 선취분 15억 원에 상속세를 물리지 않으면 전체 세금은 5,300만 원이 되므로 2억 3,700만 원이 줄어든다(표 참조). 만일 상속재산이 50억 원이라면 상속세는 7억 원에서 1억 9,000만 원으로 줄어든다. 배우자 선취분 이외에 배우자공제를 어떻게 적용할 것인지는 구체적인 입법이 나와야 할 것이다.

상속법 개정 전후 재산분배 비율
- 남편이 아내와 자녀 2명을 남겨두고 사망한 경우

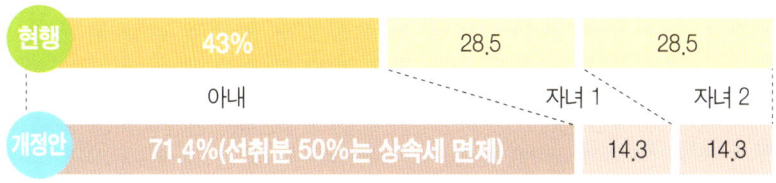

상속세 개정 전후 실상속액 및 세금
- 남편이 아내와 자녀 2명에게 상속하는 경우

단위 : 원

상속재산	상속인	현행		개정안	
		실상속액	세금	실상속액	세금
30억	아내	11억 6,100만	1억 2,400만	21억 2,000만	2,300만
	아들	7억 7,400만	8,300만	4억 1,300만	1,500만
	딸	7억 7,400만	8,300만	4억 1,300만	1,500만

※ 개정안은 배우자의 선취분 50%에 대해 상속세를 면제한 경우 가정

선취분은 유언·유류분에 우선

개정안을 보면 "유언·기여분(재산 형성에 기여하거나 피상속인을 특별히 부양한 상속인에게 가산해 상속하는 제도)은 전체 재산에서 선

취분을 제외한 금액을 넘지 못한다"라고 규정돼 있다. 또 유류분(법률상 상속인에게 보장된 최소한의 상속재산으로 배우자와 자녀의 경우 법정 상속분의 2분의 1)을 계산할 때 선취분을 빼고 계산하도록 했다. 즉 생존 배우자의 선취분을 유언·유류분·기여분에 앞서 우선으로 보장해준다는 것이다.

예를 들어 아내와 아들, 딸을 두고 사망한 남편이 전 재산 14억 원(전부 혼인 중 형성된 재산)을 친구 A씨에게 몽땅 주겠다는 유언을 남겼다고 가정하자. 지금은 아내와 자식들이 법원에 유류분 반환 청구 소송을 제기하여 재산을 돌려받을 수 있다. 이 경우 아내는 법정 상속분(6억 원)의 절반인 3억 원을, 아들과 딸은 법정 상속분(각 4억 원)의 절반인 2억 원을 각각 돌려받는다.

하지만 선취분 조항이 도입되면 남편의 유언 중 아내의 선취분 7억 원(14억 원의 절반)은 무효가 되어 아내에게 먼저 줘야 한다. 나머지 7억 원에서 아내는 1억 5,000만 원, 아들과 딸은 각각 1억 원의 유류분이 보장된다.

05_

배우자 상속공제를
최대한 이용해야 하는 이유

배우자 선취상속분,
향후 재상속 시 세부담 증가

배우자 상속공제는 배우자 상속공제 한도(30억 원) 내에서 이뤄지며, 민법상 상속지분 이내에서 실질 배우자가 상속받은 금액을 상속세 계산 시 공제해주는 제도다. 배우자가 실제 상속받은 금액이 없거나 실제 상속받은 금액이 5억 원 미만인 경우에는 5억 원을 공제한다. 배우자 상속공제를 받기 위해서는 상속세 과세표준 신고기한의 다음 날부터 6개월이 되는 날까지 배우자의 상속재산을 분할(등기·등록·명의개서)한 뒤에 신고해야 한다.

민법이 개정되면 선취분에 대해서는 상속세가 없어지고, 잔여 재산에 대해서는 배우자공제를 추가적으로 적용할 예정이다. 단, 선취분에 대한 상속세가 없더라도 상속을 받은 배우자가 다시 상속을 할 경우 배우자공제가 없기 때문에 상속세 부담이 향후 증가할 수 있다.

상속인 간 연대납세의무를 이용한 배우자공제 활용

상속세 및 증여세법에 따라 부과되는 상속세에 대해 상속인과 수유자(유증에 의해 재산을 받는 사람)는 상속재산 중 각자가 받았거나 받을 재산의 비율에 따라 상속세 납부의무가 있고, 각자가 받았거나 받을 재산을 한도로 연대해 납부할 의무가 있다. 즉, 연대납세의무자로서 각자가 받았거나 받을 상속재산의 한도 내에서 다른 상속인이 납부해야 할 상속세를 대신 납부한 경우에도 증여세는 부과되지 않는다.

따라서 상속인으로 배우자가 있는 경우 공동상속인 간의 상속재산에 대해 협의분할하면서 상속세 및 증여세법에 따라 계산한 상속세 상당액만큼 배우자가 상속을 받도록 해 배우자 상속공제를 적용받고, 그 배우자가 상속세를 모두 내면 다른 상속인들은 상속세 부담 없이 재산을 상속받을 수 있게 된다.

또 배우자의 사망으로 재상속이 개시되더라도 배우자가 납부한 상속세만큼은 재상속이 되지 않으므로, 재상속에 따른 상속세도 추가적으로 절세 가능하다. 부부가 공동으로 형성한 재산 중 절반을 생존 배우자에게 먼저 떼어주는 배우자의 '선취분'이 적용될 경우, 상속세를 면제받은 선취분 재산에 대해서도 이러한 부분을 적용할지 여부는 향후 법 개정 상황을 보아야 한다.

> 상속인 또는 수유자는 각자가 상속으로 인하여 얻은 자산총액에서 부채총액과 그 상속으로 인하여 부과되거나 납부할 상속세를 공제한 가액을 한도로 상속세를 연대하여 납부할 의무가 있는 것이며, 그 한도 내에서 다른 상속인이 납부해야 할 상속세를 대신 납부한 경우에는 증여세가 부과되지 않는 것임(재산-454, 2011.09.27).

부부 동시 사망 시
배우자 상속공제

부부가 동일한 위난危難으로 사망한 경우에는 동시에 사망한 것으로 추정한다. 2명 이상이 동일한 위난으로 사망한 경우에 누가 먼저 사망하였는가를 입증하는 것은 대단히 어렵다. 그러한 경우를 대비하여 동시에 사망한 것으로 추정하는 '동사추정주의同死推定主義'의 규정(민법 제30조)을 둠으로써 그러한 어려움을 입법적으로 해결한 것이다. 독일, 스위스 등도 이 입법례에 의한다.

한편, 우리나라 상속세법 기본통칙에서는 아버지와 어머니가 동시에 사망하였을 경우 상속세의 과세는 아버지와 어머니의 상속재산에 대하여 각각 개별로 계산하여 과세하며, 이 경우 배우자 상속공제 규정은 적용되지 않도록 하고 있다(상증통 13-0…2).

부부가 같은 날에 시차를 두고 사망한 경우 배우자 상속공제

아버지와 어머니가 같은 날에 시차를 두고 사망한 경우 상속세의 과세는 아버지와 어머니의 재산을 각각 개별로 계산하여 과세하되, 후에 사망한 자의 상속세 과세가액에는 먼저 사망한 자의 상속재산 중 그의 지분을 합산하고 상속세 및 증여세법 제30조의 '단기 재상속에 대한 세액공제'를 하도록 하고 있다(상증통 13-0…1).

06_

배우자에게 자산을
이전해야 하는 3가지 이유

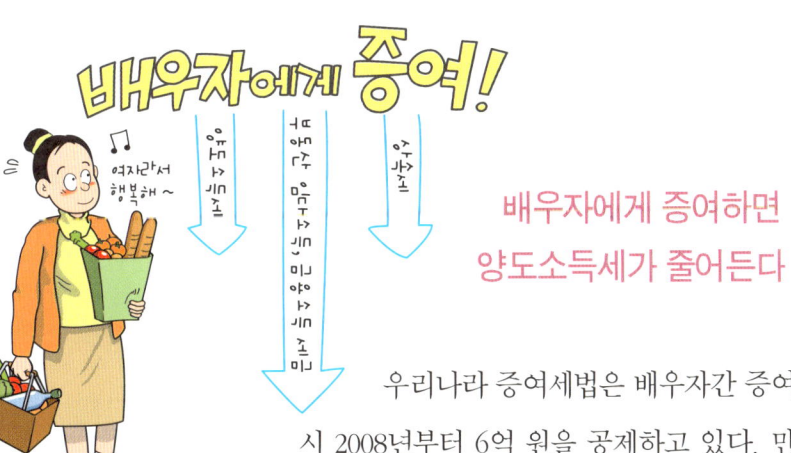

배우자에게 증여하면
양도소득세가 줄어든다

우리나라 증여세법은 배우자간 증여 시 2008년부터 6억 원을 공제하고 있다. 만 일 보유하던 부동산의 가격이 상승하여 처분하는 경우, 과다한 양도소득세가 예상된다면 부동산의 일부 지분을 6억 원 이내로 증여하도록 한다. 5년 이후에 수증받 은 다른 배우자가 부동산을 양도하게 되면 양도소득세 계산 시 증여받은 당시의 가액으로 취득가액을 계산하기 때문에 양도소득세가 줄 어드는 효과가 있다. 비사업용 토지나 다주택자 등 고율의 양도소득세 적용대상 자산가들은 배우자 간 증여를 적극적으로 이용할 필요가 있다.

배우자에게 증여하면
부동산 임대소득과 금융소득에 대해 세금이 줄어든다

우리나라 소득세법은 부부간 부동산을 공동으로 소유하게 되면 소유한 지분 비율로 각각 소득세를 과세한다. 종합소득세의 경우 타소득과 합산하여 누진세율로 과세하기 때문에 배우자 일방이 과다하게 부동산 임대소득을 발생시킨다면 누진세율이 적용될 수 있다. 한마디로 세금을 계산할 때 불리할 수 있는 것이다. 이때 만일 배우자에게 부동산을 증여한다면 증여가액은 아파트가 아닌 한 기준시가로 계산되며, 이 경우 지분이 분산되어 부동산 임대소득을 각각 계산할 수 있게 되므로 절세가 가능하다.

또한 배우자도 합법적인 부동산 임대소득이 발생하게 되므로 수익성이 높은 자산에 추가 투자를 하는 경우 자금출처조사에서 자유로워질 수 있다. 또한 2014년 현재 우리나라의 이자, 배당소득에 대한 금융소득종합과세 기준 금액은 부부 각각 2,000만 원이다. 따라서 부동산 지분 일부를 증여함으로써 부동산 임대소득으로 발생되는 자금투자에 대한 소득분산 효과를 창출하거나 배우자 일방이 보유하고 있는 금융자산을 증여함으로써 금융소득에 대해 누진세율이 적용되지 않도록 할 수 있다.

배우자에게 증여하면 상속세가 줄어든다

우리나라 상속세율은 상속재산에 각종 인적공제(기초공제, 배우자공제, 기타 인적공제)와 물적공제(금융재산공제, 가업·영농상속공제, 재해손실공제, 동거주택상속공제)를 차감한 과세표준이 1억 원 이하인 경우는 10%로 과세되지만 30억 원 초과분에 대해서는 50% 고세율로 과세된다. 즉 한 사람이 자산을 집중적으로 보유하다가 사망하는 경우에는 고세율이 적용될 가능성이 상당히 높다.

만일 증여자가 배우자에게 재산을 사전증여한 다음 10년이 지나 사망한 경우에는 상속재산에 합산이 되지 않는다. 또한 10년 이내에 사망하게 되더라도 증여 당시의 가액으로 합산하기 때문에 사전증여 부동산 등이 있는 경우 상속세 계산이 유리하게 적용된다.

> 배우자 선취분 상속재산에 대해서 상속세가 단기간에 과세되지 않더라도 향후 재상속 시 상속세가 과세되기 때문에 사전증여가 더욱 더 중요하다.

상속세 과세표준에 따른 세율

과세표준	세율	누진공제
1억 원 이하	10%	—
5억 원 이하	20%	1,000만 원
10억 원 이하	30%	6,000만 원
30억 원 이하	40%	1억 6,000만 원
30억 원 초과	50%	4억 6,000만 원

미국은 배우자가 미국 시민권자인 경우 배우자에게 상속 또는 증여되는 재산에 대해서는 세금을 내지 않는다. 즉 상속재산이 아니라 공동으로 형성한 재산의 분할로 간주하고, 무제한 공제를 적용하는 것이다. 2014년에 우리나라도 자녀에 대한 공제 한도를 10년간 5,000만 원으로 늘렸을 뿐 배우자공제는 10년간 6억 원을 유지하고 있다.

배우자 및 직계비속 아닌 머느리, 사위에게 사전증여하는 것도 고려할 만하다

증여자의 건강 상태 등으로 보아 5년 이상에서 10년 미만을 생존할 수 있다면, 아들 또는 딸에게 직접 증여하지 않고 며느리 또는 사위에게 먼저 증여한 후 며느리(사위)가 즉시 아들(딸)에게 증여하도록 하는 방법도 고려할 만하다. 상속인인 아들(딸)에게 사망 전 10년 이내에 증여한 재산은 상속재산에 포함돼 과세되나, 상속인이 아닌 자에게 증여한 재산은 사망하기 전 5년 이내의 것만 합산되기 때문이다.

증여받은 자	상속재산 합산기간
상속인	사망일 이전 10년 이내 증여
상속인 외의 자	사망일 이전 5년 이내 증여

07_

이혼으로
배우자 재산 이전에 대한
세금 문제

위자료 성격의 재산 이동

이혼 등에 따라 정신적 또는 재산상 손해배상의 대가로 받는 위자료는 조세포탈의 목적이 있다고 인정되는 경우를 제외하고는 이를 증여로 보지 아니한다(상증통 31-24…⑥). 단, 등기 원인을 이혼 위자료로 지급하는 경우 양도소득세를 내야 한다. 현금으로 위자료를 지급하기 위해서 부동산을 처분한다면 부동산 양도소득이 생긴다는 의미다.

재산분할에 의한 재산 이동

재산분할청구권이란 이혼을 한 당사자의 일방이 다른 일방에 대하여 혼인 중에 모은 재산의 분할을 청구하는 권리다. 1990년 개정된 민법에서 신설된 조항으로써, 헌법의 양성평등 이념(헌법 제36조)에 근거하여 경제적으로 약자인 배우자에게 실질적인 이혼의 자유를 보장한다는 데 의의가 있다. 민법에 따르면 협의상 이혼한 자의 일방은 다른 일방에 대하여 재산분할을 청구할 수 있다. 재산분할의 액수와 방법에 관하여 당사자 간에 협의가 되지 않거나 협의할 수 없을 때 가정법원은 당사자의 청구에 의하여 당사자 쌍방의 협력으로 모은 재산의 액수와 그 밖의 사정을 참작하여 분할할 액수와 방법을 정한다. 이 청구권은 이혼한 날부터 2년이 지나면 소멸한다(민법 제839조의 2). 이 규정은 재판상 이혼의 경우에도 준용한다(민법 제843조).

헌법재판소는 이혼 시 배우자로부터 재산을 분할받는 행위는 공동재산에 대한 청산이므로 재산 무상취득 시 과세하는 증여와는 관련이 없다는 이유로 위헌 결정(헌재 96바, 1997.10.30)을 내렸다. 이로 인해 1999년 1월 1일 최초로 증여하는 분부터 증여세 과세규정에서 제외하였다. 재산분할에 의한 재산의 이전은 양도소득세 및 증여세 과세대상이 아니며, 재산분할로 취득한 부동산의 취득시기는 이혼시기가 아니라 당해 부동산을 최초로 취득한 시기가 된다.

위자료 및 재산분할의 과세방법

구분	위자료	재산분할
증여세(취득자)	X	X
양도소득세(양도자)	O	X

※ 현금으로 위자료를 지급한 경우에는 양도소득세 없음.

※ 위장이혼인 경우에는 증여세 과세함.

01_

사전증여하여
세금을 미리 내라

강남에 수백억 원대의 부동산을 보유하고 있는 자산가 A씨는 요즘 건강이 부쩍 나빠지면서 걱정이 늘었다. 대부분의 부동산을 개인 소유로 보유하고 있던 터라 자신이 사망할 경우 대략 계산해도 100억 원 이상의 상속세가 나오기 때문이다. 상속세를 낼 돈이 없으면 재산을 상속받은 배우자나 자녀가 담보대출을 받아 상속세를 내야 할 텐데, 이 경우 상속자가 부담해야 할 이자도 만만치 않을 것 같았다. 그렇다고 부동산을 매각하여 현금으로 상속하자니 처분에 따른 양도소득세가 신경 쓰이고, 더욱이 현금성 자산이 부동산 자산보다 불리할 것 같았다.

상속세와 증여세는 세율 측면에선 동일하다. 현행 상속세와 증여세는 최저 10%에서 최고 50%의 세율로 과세된다. 다만, 계산하는 방식에서 차이가 난다.

상속세는 재산을 주는 사람, 즉 사망한 피상속인을 중심으로 세금을 계산한다. 상속세는 "누가 얼마를 받았는가?" 하는 것에는 관심이 없다. "얼마를 주었는가?"를 중심으로 세금을 계산한다. 따라서 피상속인의 사망일 현재의 모든 재산과 사망일부터 소급해 10년(상속인 외의 자는 5년)간의 사전증여 재산을 합해 상속세를 계산하게 된다.

반면, 증여세는 "누가 얼마를 받았는가?"를 중심으로 세금을 계산한다. 그래서 증여를 할 때 여러 사람에게 쪼개서 하면 더 낮은 세율을 적용받을 수 있어 증여세가 줄어든다. 즉 증여할 때 한 사람보다는 두 사람에게, 또 두 사람보다는 세 사람에게 증여하는 것이 세금을 더 적게 낼 수 있다는 것이다. 계산 구조적인 면에서 볼 때 증여세가 상속세보다 유리하다.

상속 및 증여 시 세무 전략

상속·증여 상관관계를 통한 세무 전략	사전증여의 필요성
1. 여러 사람에게 최대한 쪼개서 증여하라	누진세율 구조 차이 이용
2. 10년 단위로 증여하라	사전증여 재산 10년 이내 합산
3. 상속인 이외 자(손자)에게 증여하라	사전증여 재산 5년 이내 합산
4. 상승가치가 높은 부동산 등을 증여하라	사전증여 당시 시가가 상속재산에 합산
5. 부동산으로 사전증여하라	매매사례가액이 없는 경우 기준시가 적용

02_

부동산 자산가들, 상속 시 재산평가를 이해하라

개인 부동산, 상속세 및 증여세법상 재산평가 방법으로 절세하다

앞에서 사례로 든 자산가 A씨가 사망할 경우, 그가 보유하고 있던 부동산은 상속재산이 된다. 부동산의 종류는 아파트, 주택, 토지, 상업용 건물 등이 있을 수 있다. 이처럼 종류가 다양한 부동산을 어떻게 평가하여 상속세를 계산하는지 알아보자.

먼저 상속세법 제60조에 따르면, 상속세나 증여세가 부과되는 재산의 가액은 상속개시일 또는 증여일(이하 '평가기준일'이라 한다) 현재의 시가평가를 원칙으로 한다. 시가는 평가기준일 전 6개월(증여재산의 경우 3개월)부터 평가기간 이내의 신고일까지를 평가기간으로 보도록 하여 신고일 이후에 발생하는 매매사례가액은 제외하도록 하였다. 시가는 평가기간 중 매매·감정·수용·경매 또는 공매가 있는 경우에 확인되는 가액을 말한다.

시가를 산정하기 어려운 경우에는 해당 재산의 종류, 규모, 거래 상황 등을 고려하여 평가하게 되는데 다음과 같다. 유사 매매사례가 존재하지 않는 대부분의 토지, 상업용 건물은 개별공시지가 또는 기준시가 고시가액으로 상속재산을 평가하게 된다.

단, 아파트의 경우에는 국토교통부에 매매사례가액이 대부분 존재하게 되므로 유사물건 매매사례가액을 시가로 본다. 상속·증여 재산을 시가 또는 보충적 시가(기준시가)로 평가하더라도 당해 재산에 대하여 저당권 등이 설정되어 있거나 임대차계약이 설정된 경우에는 비교평가해야 한다.

시가로 평가하는 경우

구분	평가액
시가(매매·감정·수용·경매 또는 공매)	가장 큰 금액으로 평가
저당권이 설정된 재산의 평가액	

보충적 시가로 평가하는 경우

구분	평가액
보충적 시가	
저당권이 설정된 재산의 평가액	가장 큰 금액으로 평가
임대차계약인 경우 임대료 환산평가액	

※ 임대료 환산가액＝임대보증금＋(1년간 임대료/12%)

부동산으로 상속하는 경우 현금성 자산보다 기준시가로 낮게 평가할 수 있고, 부동산 자산에 임대보증금이 있는 경우 부채로 공제받을 수도 있다.

03_

부동산법인 설립을 통한
절세 방안을 찾다

임대업 법인전환 시 타당성 검토

개인 부동산 임대업자가 법인으로 전환하는 경우, 부동산의 평가액이 지분가치 평가로 전환되기 때문에 지분가치를 조절하여 절세할 수 있다는 장점이 있다. 또한 지분가치의 유상감자를 통하여 투자를 위한 현금을 확보할 수 있다는 장점 때문에 부동산 법인전환이 개인 부동산 임대업자 사이에서 상당히 유행하고 있다.

법인전환 시 고려사항	비고
개인 임대업의 세금 부담 분석	개인 부동산을 법인전환하지 않고 기준시가로 상속·증여하거나 부담부증여를 통해 증여하는 방법과 반드시 비교해봐야 한다.
법인전환 시 세금 부담 분석	
법인전환에 따른 양도소득세 이월과세 검토	
법인전환에 따른 제반비용 검토	
법인전환 후 상속·증여 시 절세 플랜 검토	

법인전환에 따른 감정평가로 인한
비상장주식 가치의 상승

　개인 부동산을 법인으로 전환하는 경우 조세특례제한법상 현물출자에 의한 이월과세 규정을 적용받을 수 있다. 당장 양도소득세를 내지 않고 법인이 해당 부동산을 매각하는 경우 양도소득세를 납부하게 된다. 단, 현물출자 시 감정평가를 하여 현물출자 과정을 거치게 되므로 개인 부동산 보유 시 기준시가로 상속·증여 행위를 하는 것보다 불리하게 작용할 수 있다.

부동산 80% 이상 임대법인의
비상장주식 평가는 순자산가치로만 적용

　상속세 및 증여세법(상증법) 시행령 제54조에 따르면, 한국거래소에 상장되지 아니한 주식 및 출자지분 순손익가치와 1주당 순자산가치를 각각 3과 2의 비율로 가중평균한 가액으로 평가한다. 다만, 부동산 과다보유법인의 경우에는 1주당 순손익가치와 순자산가치의 비율을 각각 2와 3으로 한다.

　과거에는 이러한 규정을 이용하여 개인 부동산 임대업을 법인으로 전환하여 월임대료를 조절함으로써 지분가치를 낮추는 방법을 사용하기도 했었다. 하지만 2012년 2월 세법이 개정되어 부동산 임대(80%

이상) 법인은 순자산가치로만 평가하도록 되어 있다. 따라서 순이익 가치로 가중평균할 수 없기에 절세 효과가 없어진다.

상속세 및 증여세법상 비상장주식의 보충적 평가방법

구분	평가
일반적인 법인	(1주당 순자산가치×2＋1주당 순이익가치×3)／5
부동산 과다보유법인(80% 이상)	1주당 순자산가치

50% 이상 지분의 양도 및 증여 시 양도소득세 과세

조세특례제한법 제32조에 의하여 현물출자로 인한 법인설립 후 5년 이내에 거주자로부터 승계받은 사업을 폐지하는 경우와 적용받은 거주자가 법인전환으로 취득한 주식 또는 출자지분의 100분의 50 이상을 처분하는 경우에는 사유발생일이 속하는 사업연도에 이월과세된 양도소득세를 납부하여야 한다.

한편, 유권해석에서는 법인전환에 따른 양도소득세 이월과세를 받은 자가 법인전환 후 5년 이내에 지분의 50% 이상을 자녀에게 증여한 경우에도 이월과세받은 양도소득세를 납부하여야 하도록 하고 있다(부동산납세-86, 2013.10.14). 또한 부동산 비율이 50% 이상이면서 특수관계자의 지분을 포함해 50% 이상 소유하고 있는 법인이 발행주식

총수의 50% 이상을 처분하는 경우에도 부동산 양도와 동일한 누진세율(6~38%)이 적용된다. 따라서 개인 임대업을 법인으로 전환하여 자녀에게 매매 형식으로 지분을 이전하는 방식은 50% 미만에서만 유효하게 되었다. 한편, 지분의 매매 시 자녀가 취득하는 지분 취득자금에 대한 자금출처조사도 대비하여야 한다.

개인 부동산 임대업의 법인전환 시 장점과 단점

개인 부동산 임대업을 하는 경우 임대소득에 대해서는 누진세율(6~38%)로 소득세를 납부하여야 하나, 법인으로 전환하게 되면 법인소득에 대해 1억 원 이하는 10%, 2억 원 초과분은 22%의 법인세만 내면 된다. 물론 회사에 유보된 이익이 배당으로 처분될 때에는 배당소득세가 과세되지만, 개인과 달리 배당시기를 조절할 수가 있다.

또한 법인이 현물출자를 할 경우에는 감정평가를 받아 동 가액이 법인사업자가 취득하는 가액으로 인정받게 되면 일부 자본을 향후 인출하게 되더라도 높아진 취득가액(=감자가액)으로 감자대가를 가져가게 되므로 배당소득세를 줄일 수 있는 장점도 있다. 그러나 상속 및 증여 평가의 측면에서는 개인 부동산 자산을 법인전환 시 감정가액으로 현물출자하기 때문에 불리하다고 할 수 있다.

특수관계자 간 부동산 매매 시
100년간 분할해서 대가 지급

저자는 이런 이야기를 들어보았다. 개인 부동산을 법인으로 전환하고 부동산 지분을 자녀에게 이전하면서 지분에 대한 대가를 100년간 나누어서 준다는 것이다. 지분이 이전되었으므로 부동산 임대소득에서 발생하는 금전으로 장기할부대금을 지급한다는 것이다. 만화 같은 이야기지만 장기할부조건매매는 법률상 유효하다. 하지만 그것이 장기할부조건의 매매거래일지라도 대가의 미지급에 대한 지급이자는 적정하게 계산되어야 한다.

부동산법인 지분의 취득대가에 다른 미지급금의 지급이자는 매월 발생하는 임대료보다 상당할 것으로 판단된다. 특수관계자로부터 시가보다 낮은 가액으로 재산을 양수하거나 금전을 무상 또는 적정이자율보다 낮은 이자율로 대부받은 경우 또는 그와 유사한 거래 등을 통하여 특수관계자로부터 이익을 얻은 경우, '상속세 및 증여세법' 제35조, 제41조의 2 및 제42조 제1항의 증여의제 규정이 적용된다(서면 4팀-2155, 2005.11.11).

04_

부동산의 부담부증여를
통한 절세방안

부담부증여의 개념

부모가 담보권이 설정된 재산을 자녀에게 증여하면서 그에 따른 채무도 함께 넘기는 경우처럼 수증자(자녀)가 증여자의 채무를 인수하는 증여를 말한다. 일반적으로 부담부증여를 할 때 증여재산 가액 중 '채무 인수액을 제외한 부분'은 무상증여에 해당되므로 상속세법 제29조 제2항에 의해 수증자에게 증여세를 과세하고, '채무 인수 부분'은 유상양도에 해당되므로 소득세법 제4조에 의해 증여자(양도자)에게 양도세를 과세한다. 예컨대 은행 채무가 5억 원 있는 10억 원짜리 상가건물을 자녀에게 증여할 때 순수한 증여분인 5억 원에 대해서는 증여세를 물리고, 은행 채무 5억 원에 대해선 양도세를 납부하는 방법이다.

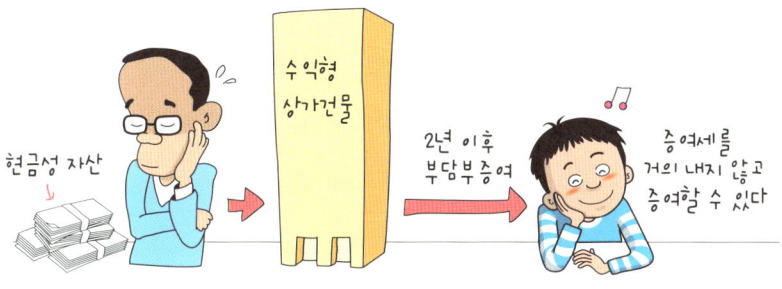

부담부증여의 사례

예컨대 수십억 원의 현금성 자산을 보유하고 있는 자산가 A씨가 수익형 상가건물을 취득하였고, 이로부터 2년 이후에 부담부증여 형태로 자녀에게 상가건물을 증여한다고 가정하자. 이 경우 양도가액은 임대보증금 및 부채가 되나, 단기간의 취득으로 인한 양도차익은 거의 발생하지 않고 상가건물의 기준시가에서 임대보증금 및 부채를 차감한 가액이 증여가액이 되므로 증여세를 거의 내지 않고 자녀에게 상가건물을 물려줄 수 있다. 자녀는 증여받은 건물에서 발생하는 월임대소득으로 은행부채에 대한 이자를 상환하면 된다.

일반적으로 양도차익이 적은 부동산 등이나 양도차익이 크더라도 1세대 1주택 비과세 혜택을 받는 경우에는 부담부증여가 유리하다. 그러나 양도차익이 큰 부동산이나 중과세율이 적용되는 부동산 등은 부담부증여가 불리하다.

부동산 일반증여		부동산 부담부증여	
증여액	10억 원	증여액	5억 원
증여공제	3,000만 원	증여공제	3,000만 원
증여세 과세표준	9억 7,000만 원	증여세 과세표준	4억 7,000만 원
과세세율	30%	과세세율	20%
결정세액 (10% 세액공제 적용)	2억 790만 원	결정세액 (10% 세액공제 적용)	7,560만 원
		양도소득세	6,188만 원
총납부세액	2억 790만 원	총납부세액	1억 3,748만 원
			차액 : 7,042만 원

05_

부동산 사전증여로 인한 자산관리 방어 전략

사전증여로 자녀의 통제권은 상실, 그러나 절세는 가능하다

　부담부증여를 통해 보유부동산을 배우자나 자녀에게 사전증여할 경우, 다음과 같은 절세방안과 자산관리의 방어 전략이 동시에 발생되므로 적극적으로 이용해야 한다. 물론 자녀들에게 재산을 미리 물려줄 경우에는 부모들의 권위가 약해질뿐더러 자식들에 대한 통제 능력이 상실된다는 단점이 발생하기도 한다.

부동산 사전증여에 따른 세무 전략

부동산 사전증여에 따른 세무 전략	적용세제
부동산 사전증여 시 지분별 소득세 계산으로 소득세 부담 완화	소득세
부동산 사전증여 후 10년 경과 시 상속재산에 포함되지 않음	상속·증여세
부동산 사전증여 시 수증자의 자금출처원 확보로 새로운 소득원 창출	소득세
부동산 사전증여 시 자산의 재분배로 연대책임에 대한 방어력 행사	민법

특수관계자 간 부동산 매매를 통한 증여세 절세방안을 고려하라

자녀가 특수관계자(배우자, 부모, 형제, 자녀 등 혈연관계가 있는 직계 가족과 6촌 이내 부계 혈족 등의 기타 친족을 말함)인 부모로부터 재산을 시가보다 낮은 가격에 사는 경우에는 시가와 취득가액의 차이만큼 부모로부터 증여받은 것으로 본다.

하지만 싸게 산다고 해서 모두 증여로 보는 것이 아니라 시가와 거래가격 차액이 시가의 30% 이상이거나 3억 원 이상일 경우에 일정 부분에 대해서만 증여세가 과세된다.

특수관계자에게 저가 양수 및 고가 양도를 하는 경우 증여재산가액

구분	증여받은 자	증여재산가액
저가 양수	양수자	차액―(시가의 30%와 3억 원 중 작은 금액)
고가 양도	양도자	

예를 들어 A씨의 아들이 A씨의 시가 5억 원짜리 아파트를 1억 원 싸게 샀다면, 시가와의 차액 1억 원은 아파트 시가(5억 원)의 30%인 1억 5,000만 원보다 작기 때문에 증여세를 내지 않아도 된다. 이처럼 증여로 걸리지 않는 일정 한도 내에서 거래하면 자녀가 부모로부터 자금을 증여받는 효과를 볼 수 있다. 하지만 자녀 입장에서는 증여세를 내지 않아도 되나, 부모 입장에서는 양도소득세가 늘어날 수도 있으므로 유의해야 한다.

왜냐하면 특수관계자에게 시가보다 싸게 양도하는 경우 시가와 양도가액의 차액이 시가의 5% 이상이거나 3억 원 이상이면 양도소득세를 적게 내기 위해 저가로 양도한 것으로 보기 때문이다. 이때는 실제로 거래한 금액이 아닌 시가를 기준으로 양도소득세를 내야 한다.

A씨의 경우 아들에게 시가보다 1억 원 싸게 양도했는데, 이는 시가 5억 원의 5%인 2,500만 원보다 크기 때문에 A씨는 자녀에게 받은 금액 4억 원이 아닌 아파트 시가 5억 원을 기준으로 양도소득세를 신고해야 한다. 그래도 A씨가 부동산을 제3자에게 넘겨줌으로써 양도소득세를 내고, 자녀에게 현금으로 5억 원을 증여하는 것보다는 절세할 수 있다.

취득자금 80% 출처 입증해야 한다

자금출처조사란 직업, 나이, 소득세 납부 실적, 재산 상태 등으로 보아 스스로의 힘으로 취득하기 어려운 재산을 취득한 경우에 세무서에서 그 재산을 취득하는 데 필요한 자금의 출처를 소명하라고 요구하는 것이다. 하지만 모든 경우에 자금출처조사를 받는 것은 아니고 10년 이내의 재산취득가액, 채무상환금액이 다음의 표에서 제시한 금액 미만이라면 자금출처조사를 받지 않는다.

증여추정 배제 기준

구분		취득재산		채무상환	총액한도
		주택	기타 재산		
세대주인 경우	30세 이상인 자	2억 원	5,000만 원	5,000만 원	2억 5,000만 원
	40세 이상인 자	4억 원	1억 원		5억 원
세대주가 아닌 경우	30세 이상인 자	1억 원	5,000만 원	5,000만 원	1억 5,000만 원
	40세 이상인 자	2억 원	1억 원		3억 원
30세 미만인 자		5,000만 원	3,000만 원	3,000만 원	8,000만 원

예를 들어 만 35세인 직장인 E씨가 결혼을 앞두고 아파트 5억 원짜리를 구입했다고 가정하자. E씨처럼 30세 이상, 40세 미만의 세대주라면 2억 원 미만의 주택을 취득한 경우 자금출처조사 대상이 되지 않는다. 하지만 E씨는 기준 금액 이상인 5억 원의 주택을 취득했기 때문에 세무서로부터 '재산 취득에 대한 자금출처 소명 자료 제출 안내'라는 서류를 받게 된다.

이때 자금출처에 대한 입증 책임은 전적으로 E씨에게 있으므로, E씨는 자신이 취득한 재산가액의 80% 이상인 4억 원의 자금출처를 소명해야 한다. 혹시라도 본인의 소득으로 4억 원을 마련했음을 입증하지 못한다면, E씨는 입증하지 못한 금액에 대하여 증여세를 낼 수밖에 없다.

자금출처로 인정되는 금액 및 증빙서류

구분	자금출처로 인정되는 금액	증빙서류
근로소득, 퇴직소득	총 지급액−원천징수 세액	원천징수영수증
사업소득	소득금액−소득세 상당액	소득세신고서 사본
이자, 배당, 기타 소득	총 지급액−원천징수 세액	원천징수영수증
차입금	차입 금액	부채증명서
보유재산 처분액	처분 가액−양도소득세 등	매매계약서

※ 위의 소득이 입증되더라도 자금출처금액이 명백하게 통장 등으로 확인되어야 한다. 생활자금으로 전액 소진되었다면 자금출처로 인정받지 못한다.

아버지가 사준 아파트, 아들은 자금출처를 소명해야 한다

자금출처조사의 대응방안

자금출처조사란 부동산을 취득한 경우, 이에 필요한 돈이 어디에서 났는지를 확인하는 조사를 말한다. 조사결과 다른 사람으로부터 증여받은 것으로 확인되면 증여세가 물려진다. 증여세는 증여재산의 가액에서 증여재산공제를 한 나머지 금액(과세표준)에 세율을 곱해 계산한다. 세율은 1억 원 이하 10%, 5억 원 이하 20%, 10억 원 이하 30%, 50

억 원 이하 40%, 50억 원 초과 45%이다. 또 5억 원 이하부터 누진공제 액이 각각 1,000만 원, 6,000만 원, 1억 6,000만 원, 4억 1,000만 원이 주어진다. 만일 자금출처가 명확하게 확인되지 않으면 그 자금을 다른 사람으로부터 증여받은 것으로 보아 증여세를 과세한다. 다만, 취득자금이 10억 원 이하인 경우에는 출처가 80% 이상 확인되면 나머지 부족분에 대해서는 문제 삼지 않는다.

자금출처조사의 시기

매매나 경매 등으로 부동산을 취득하였을 경우, 세무서에서는 취득한 사람의 당해 연도와 직전 5년간의 소득현황을 종합적으로 전산분석한 후 자금출처가 부족한 혐의자를 전산 출력해 취득 능력 여부를 미리 검토해보고 증여 혐의가 높은 경우에는 조사대상으로 선정한다. 자금출처조사는 다른 조사와 연계성이 높기 때문에 주기적으로 실시하고 있다. 또한 2010년부터 '자금출처 조기검증 시스템'을 구축해 변칙적인 상속 및 증여를 차단하고 있으며, 최근 들어 그 선정기준이 더욱 강화되고 있는 추세다.

자금출처의 입증범위

부동산 취득자금을 소명하는 경우, 취득자금이 10억 원 미만이면 자금출처의 80% 이상만 확인되면 나머지 20%에 해당하는 금액은 소명할 필요가 없다. 하지만 취득자금이 10억 원 이상인 경우에는 2억 원을 제외한 나머지 금액을 전부 소명해야 한다.

자금출처의 입증방법

먼저 본인의 소득금액이나 보유자금을 확인할 수 있는 증빙서류를 제출해야 한다. 인정되는 서류는 근로소득자의 원천징수영수증, 사업소득자는 소득금액증명원, 임대보증금이 있다면 전세계약서 등이 있다. 또한 대출받은 자금으로 취득하였다면 동 대출자금 등을 당해 재산의 취득자금으로 직접 사용한 사실까지 입증해야 한다. 선택 가능한 주요 입증방법은 다음과 같다.

① 소득신고를 제대로 하는 방법

최근 5년 동안 소득으로 자금출처를 80% 이상 입증할 수 있다면 자금출처조사를 해결할 수 있는 최선의 방법이다. 아울러 국세청에서는 소득지출 분석시스템(PCI 시스템)이 작동하고 있으므로 소득을 과소신고했을 경우 문제가 되므로 성실하게 신고해야 한다.

② 대출받았다고 신고하는 방법

자금출처 부족금액을 대출이나 전세금으로 구입했다는 것을 입증하면 된다. 그러나 대출상환 원금 및 이자에 대한 자금출처를 또 밝혀야 하므로 주의해야 한다. 국세청에서는 국세통합 시스템(TIS 시스템)을 가동해서 대출상환과 소득신고 불일치 여부를 추적하는 경우가 많다. 따라서 대출을 일찍 상환하려면 소득신고액을 높여야 하고, 현재 소득대로 대출을 상환하려면 이자를 많이 부담해야 한다. 특히 개인간의 차용을 주장할 경우 대여자의 자금출처조사도 문제될 수 있다.

③ 증여받았다고 신고하는 방법

자금출처 부족금액을 증여받았다고 신고하면 증여세를 부담하면 되나, 증여받은 돈으로 부동산을 매입할 경우 5년 이내에 재개발 등으로 급격하게 가치가 상승한 경우(30% 이상) 그 가치 상승분을 재차증여로 보아 과세하는 경우도 있음에 유의해야 한다.

④ 공동명의로 취득하는 방법

공동명의로 취득하는 경우 자금출처 입증부담이 줄어들게 된다. 또한 향후 임대소득세, 재산세·종합부동산세 및 양도소득세 등 절세 측면에서 상당한 이점이 있다.

12

금융 자산가들에 대한
상속세 및 증여세를 **말하다**

자산가 P씨는 요즘 고민이 있다. 본인이 보유하고 있는 대부분의 자산이 현금성 자산이기 때문이다. 금융소득종합과세에 해당되는 것은 물론이고, 2014년에 들어와서는 이자, 배당소득에 대한 자금출처조사까지 받았다. 상속이 발생하게 되면 부동산을 보유하고 있는 것보다 재산평가에서 불리할 것 같았다. 또한 상속세 조사가 이루어지면 사망일로부터 10년 이전 금융계좌는 전부 들여다본다는데, 걱정이 이만저만이 아니다. 그동안 자녀들에게 사업자금 및 생활자금 등으로 이체한 내역도 상당 부분 있고, 자녀 이름의 차명계좌도 일부 가지고 있기 때문이다.

금융 자산가들의 세무 방어 전략

금융 자산가들의 세무 방어 전략	적용 세목
금융재산의 10년간 이동에 대한 누적조사	상속세 조사
차명계좌 증여추정 규정 신설로 인한 금융 이동에 세무 강화	증여세 조사
FIU 실행으로 인한 STR/CTR 제도	증여세 조사
이자, 배당소득 등 금융소득종합과세 적용에 따른 자금출처원 조사	증여세 조사
미국 FATCA, FBAR 제도의 우리나라 적용	소득세 및 증여세 조사
해외금융계좌 미신고자 세무조사	자금출처조사
2015년 9월부터 미국 거주 한국인계좌 국세청에 자동 통보	자금출처조사
금융상품의 전략적 운용에 따른 세무 방어(비과세상품 등)	소득세

01_

금융재산 이동에 대한
10년 누적 조사한다

현행 상속세법은 상속세를 계산할 때 피상속인이 사망일로부터 10년 이내에 직계존비속 등에게 사전증여한 재산은 합산하도록 하고 있다. 저자가 상속세 조사대리를 하면서 느낀 것은 '참, 우리나라의 전산망이 눈부시게 발전했다'는 사실이다. 피상속인(사망인)의 금융계좌 전체를 스크린하여 일자별 또는 개인별로 분류하여 직계존비속 또는 배우자에 대한 사전증여 여부를 가려낸다. 여기서 주의할 점은 우리나라 상속세법은 상속개시일로부터 2년 이내에 인출한 일정 이상의 금액은 상속재산으로 추정한다는 것이다.

만일 피상속인이 사업상의 이유로 현금을 수억 원 또는 수십억 원 인출하고 갑자기 사망하는 경우, 상속인들이 사용처를 입증하지 못하면 상속재산으로 추정하여 세금을 과세당하게 된다. 따라서 금융 자산가들은 상속인들을 위해서라도 자금 관리를 철저하게 해야 한다.

02_

이자, 배당소득이 발생하면
그 원천자금의 세무 방어 전략을
세워야 한다

금융자산의 수입 귀속시기 조절,
배우자에게 증여 후 분산, 비과세 절세상품 활용

　금융소득종합과세는 2013년 기준으로 개인별 이자, 배당소득이 2,000만 원을 초과할 경우 타 소득과 합산하여 누진세율로 과세하는 세금이다. 금융소득종합과세 적용대상 인원은 기획재정부에 따르면 2013년 기준으로 약 9만 명 내외로, 2010년보다 약 4만 명 정도가 증가하였다. 현행 시장이자율과 상장사 평균배당률을 감안할 때 적어도 금융소득종합과세 대상자에 해당되려면 금융자산이 1인당 약 7억 원 내외로 있어야 한다.

　한편, 2013년 초부터 금융소득종합과세 대상자 및 금융자산이 소득에 비해 과도하다고 판단되는 경우 자금출처조사를 시행하고 있다. 단순히 금융소득종합과세로 인한 세금의 증가 문제가 아니라, 원본의 자금출처까지 고려해야 하므로 이에 대한 방어를 충분히 고려하여야 한다.

> 금융소득종합과세를 적용받지 않는 방법으로는 금융자산의 수입 귀속 시기 조절, 금융자산을 배우자에게 증여한 후 분산, 비과세 절세상품 활용 등을 말할 수 있다.

이자, 금융소득 절세상품에 대한 돋보기

비과세 및 분리과세 상품을 노려라

① 브라질 국채 등 해외 비과세 채권에 대한 투자 시 평가손실을 유의하라.

최근 비과세 상품으로 10년 이상의 장기 저축성보험이나 브라질 채권 등이 주목받고 있다. 브라질 채권의 경우 10%대의 매력적인 금리 수준을 갖추고 있으며, 한국과 브라질 간의 조세협약으로 이자소득이 비과세 혜택을 받으면서 자산가들의 투자가 계속되고 있다.

하지만 브라질 국채에 처음 투자하면서 헤알화BRL(브라질 통화)로 환전할 때 브라질 정부가 환전금액의 6%를 금융거래세(토빈세)로 부과한다는 점에 주의해야 한다. 이 점을 감안했을 때 최소 5년 이상 투자해야 한다는 사실을 주지하기 바란다.

또한 채권투자의 변수를 고려할 필요가 있다. 환율 변수와 투자 대상국의 리스크 상황을 고려해야 한다는 의미다. 원금상환의 불확실성과 환율변동을 예측하지 못한다면 아무리 투자수익률이 높더라도 원금손실과 환차손에 대한 리스크를 부담하여야 하기 때문이다.

"고금리이면서 비과세 혜택으로 지난 2012년부터 고액 자산가들의 '러브콜'을 한 몸에 받으며 5조 원 넘게 팔린 브라질 국채가 투자자들에게 시름을 안기고 있다. 미국의 양적완화 축소 움직임으로 금리가 상승하면서 채권 가격은 하락하고 있고, 브라질 헤알화 가치가 크게 떨어지면서 막대한 평가손실을 기록하고 있기 때문이다." 이 기사를 통해 단순히 비과세라는 측면만 고려해서 투자하면 안 된다는 사실을 깨닫게 된다.

해외 국채 투자 시 수익 유형 (브라질 채권)	유의사항
채권의 표면이자에서 발생하는 이자수익	한·브라질 조세조약협약 검토(현재 비과세)
외화 채권에서 발생하는 환차익	환율 리스크 감안(환차익 비과세)
금리변동에 따른 채권가격의 자본차익	국가신용도 및 재정건전성 파악 원금상환 가능 여부 검토(자본차익 비과세)
기타 변동사항	토빈세 검토(브라질 채권 투자금액의 6%)
	비과세 축소 시 제한세율 검토 (한·브라질 조세조약 제11조 제한세율 15%)

② 물가가 오르면 물가연동국채를 고려하라.

물가연동국채 KTBi, Inflation-Linked Korean Treasury Bond (일명 물가채)

는 원금 및 이사를 소비자물가지수에 연동시켜, 국채투자에 따른 물가 변동 위험을 제거하고 채권의 실질구매력을 보장하는 국채를 말한다. 저금리 시대에는 물가가 상승하고, 정기예금의 이자율은 인플레이션을 고려하면 실질적으로 마이너스가 되기 때문에 물가가 상승할수록 수익이 증가하는 물가연동국채는 매력적인 투자처가 될 수 있다.

예를 들어, 연 1.7%의 10년 만기 물가채와 연 4.0%의 국고채 간 금리 차가 2.3%포인트일 때, 예상 물가상승률이 2.3% 이상이라면 물가채에 투자하는 것이 이득이다. 따라서 투자자가 금리차 이상의 인플레이션을 예상한다면 표면금리가 낮은 물가채에 투자하는 것이 더 많은 이자소득을 기대할 수 있으며, 반대로 향후 디플레이션이 예상되는 상황에서는 물가채의 투자가치가 떨어진다.

한편, 물가채는 발행 금리가 연 1.5~2.75%로 시장 금리보다 낮지만 물가 상승분만큼 원금을 늘려서 투자자에게 되돌려준다. 2014년까지 발행한 물량의 경우 이런 식으로 늘어난 원금에 대해서는 세금을 매기지 않는다. 물가지수가 10년 뒤에 지금보다 20% 올랐다면 처음 투자한 원금 1억 원에 대해 1억 2,000만 원을 돌려주지만 세금은 없다는 것이다. 물론 이자소득에 대해서는 세금을 내야 한다.

물가연동국채는 정부가 발행하기 때문에 신용도가 높고 10년 만기여서 분리과세 신청이 가능해 절세 효과가 뛰어나다. 유동성이 높아 만기 이전에도 매매가 수월하다는 점도 장점이다. 다만, 개정 세법에 따르면 2013년 1월 1일 이후 발행된 분리과세 대상 채권은 3년을 보유해야만 분리과세가 적용된다. 또 2015년 1월 1일 이후 발행되는 물가

연동국채부터는 물가 상승분에도 세금을 부과할 예정이다.

수익 형태	과세 여부
표면금리에 대한 이자수익	과세(분리과세)
금리변동에 따른 자본차익	비과세
물가 상승에 따른 원금 상승이익	비과세
경과 규정	2015년 1월 1일 이후 발행되는 채권은 이자 상승분으로 보아 이자소득 과세

③ 장기채권의 분리과세를 이용하라.

장기채권이란 만기가 10년 이상인 채권을 말한다. 장기채권은 33%의 세율로 분리과세를 선택할 수 있는 세제 혜택이 있다. 일반적인 이자소득의 경우 15.4% 세율로 원천징수되는 것에 비해 장기채권은 33%의 비교적 높은 세율로 원천징수된다. 그런데도 왜 이것을 세제 혜택이라고 할까? 그 이유는 바로 금융소득종합과세 때문이다(단, 2013년 1월 1일부터 발행되는 채권에 대해서는 3년 이상 보유한 후 발생하는 이자에 대해서만 분리과세가 허용).

금융소득종합과세 대상이 되면 다른 소득과 합산해 6.6~41.8%의 누진세율을 적용받기 때문에 다른 소득이 많아 높은 세율을 적용받는 경우 오히려 33% 분리과세가 유리하다. 즉 금융소득종합과세 대상자로서 종합소득의 적용세율이 38.5~41.8%에 해당되면 분리과세가 유리할 수 있다는 말이다.

하지만 여기서 중요한 것은 다른 종합소득이 많아 높은 세율을 적용받더라도 금융소득 중 2,000만 원까지는 15.4%로 과세된다는 점이다. 그렇기에 종합소득 대상이더라도 장기채권에 투자한 금액 전체가 아니라 금융소득 중 2,000만 원 초과하는 부분에 대해서만 분리과세를 선택해야 한다.

장기채권 세제 혜택 바로알기

과세표준	세율(지방소득세 포함)
1,200만 원 이하	6.6%
1,200만 원 초과 ~ 4,600만 원 이하	16.5%
4,600만 원 초과 ~ 8,800만 원 이하	26.4%
8,800만 원 초과 ~ 1.5억 원 이하	38.5%
1.5억 원 초과	41.8%

➡ 장기채권 이자의 적용 세율이 38.5~41.8% 구간에 있는 경우에만 분리과세 신청이 유리

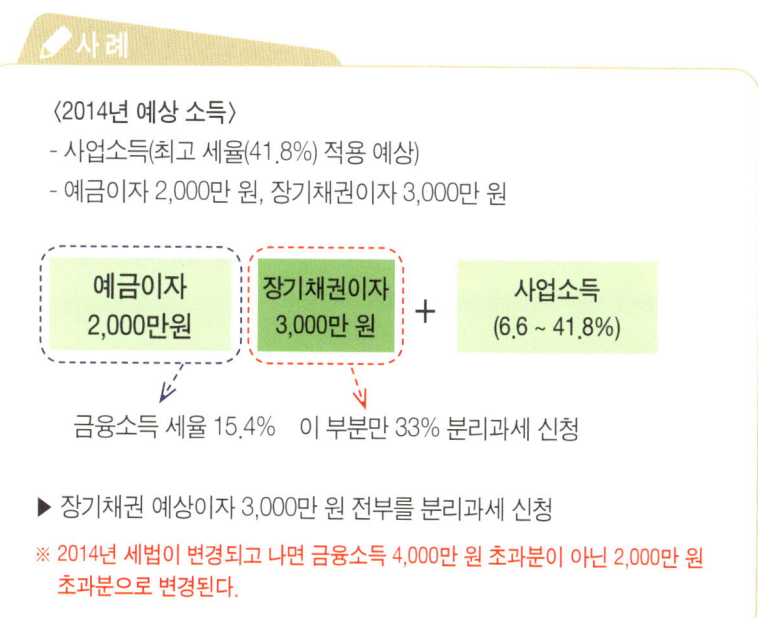

✎ 사례

〈2014년 예상 소득〉
- 사업소득(최고 세율(41.8%) 적용 예상)
- 예금이자 2,000만 원, 장기채권이자 3,000만 원

| 예금이자 2,000만원 | 장기채권이자 3,000만 원 | + | 사업소득 (6.6 ~ 41.8%) |

금융소득 세율 15.4%   이 부분만 33% 분리과세 신청

▶ 장기채권 예상이자 3,000만 원 전부를 분리과세 신청

※ 2014년 세법이 변경되고 나면 금융소득 4,000만 원 초과분이 아닌 2,000만 원 초과분으로 변경된다.

④ 보험사의 저축성보험을 적극 가입하라.

생명보험사 등에서 판매하는 저축성보험은 월납입식과 일시납입식으로 구분되어진다. 매월 납입하는 월적립식 저축성보험은 5년 납입, 10년 유지기간을 충족해야만 비과세 혜택이 주어지며, 중간에 계약자가 바뀌는 경우에는 새로운 계약자가 5년 납입, 10년 유지기간을 새롭게 충족해야만 한다.

한편, 일시납보험은 확정형·상속형·종신형 상품으로 나뉘며, 2억원 이하의 상속형연금과 55세 이후에 개시되는 종신형연금은 금액 제한 없이 비과세된다. 저축성보험은 보험사업비 등으로 인해 단기간에는 원금손실이 발생할 수 있지만, 장기적으로는 비과세 혜택과 복리운용이라는 보험사 특유의 장점을 지녔기 때문에 자산가들의 장기 투자자산으로 많이 이용되고 있다.

상품 형태	요건	금액 제한 여부
월적립식 저축보험	5년 납입, 10년 유지	제한 없음(비과세)
확정형 일시납연금	이자소득 과세	—
상속형 일시납연금	10년 유지	2억 원 이하 가입분(비과세)
종신형 일시납연금	10년 유지, 해약불가능	없음(비과세)

⑤ 하일리드펀드, 인프라펀드, 유전펀드, 선박펀드를 이용하라.

하일리드펀드란 우량 회사채로만 투자자가 몰리는 양극화 현상을 완화하기 위해 신용등급 BBB 이하인 비우량 채권을 30% 이상 편입한 회사채펀드(하이일드펀드)다.

한편, 특별자산펀드란 선박, 부동산, 유전, 지적재산권(지식재산권) 등 다양한 실물 자산에 투자한 뒤 나중에 가격이 올랐을 때 매각하거나 자산을 여기저기 투자해 창출된 이익을 투자자에게 배분하는 펀드 상품을 말한다. 실물 자산에 총 자금의 50% 이상을 투자하는 펀드로, 공모보다는 사모펀드가 대부분이다.

그리고 특별자산펀드는 상품 구조가 복잡하고 장기간 환매가 금지되는 경우가 많은 데다 최소 가입금액이 1억 원을 초과하는 경우가 많아, 주로 기관이나 고액 자산가들이 투자한다. 특별자산펀드의 대표적인 사례로는 인프라펀드, 유전펀드, 선박펀드 등을 들 수 있다.

이러한 펀드들은 발생한 배당소득이 분리과세되어 금융소득종합과세에 해당되지 않는다는 장점이 있다. 그러나 특별자산펀드는 투자에 대한 리스크가 크기 때문에 주의해야 한다.

현재 유전과 광산, 탄소배출권, 지적재산권 등을 주로 편입한 특별자산펀드 투자자들은 적지 않은 원금손실을 보고 있다. 동양자산운용이 2009년 9월 설정한 '동양탄소배출권특별자산 1'의 누적 수익률은 -73.31%로 거의 '깡통 펀드' 수준이다.

다른 특별자산펀드의 사정도 마찬가지다. 마이애셋자산운용의 '마이애셋텍사스하이앤드유전사모특별자산 1호'의 1년 수익률이 -65.92%이고, 하나UBS자산운용의 '하나UBS 해외자원개발투자회사 1호'의 1년 수익률 역시 -30.6%다. 최저 가입 기준이 높은 데다 환매가 어렵기 때문에 손실액이 눈덩이처럼 불어날 수 있으므로 투자자들은 편입자산의 장기 전망까지 고려할 필요가 있다

특별자산펀드의 세제 혜택 및 세율

구분	하일리드펀드	유전펀드	선박펀드	인프라펀드
세제 혜택	배당소득 분리과세 (2016년 말까지 수령분)	배당소득 분리과세 (2014년 말까지 수령분)	배당소득 분리과세 (2013년 말까지 수령분)	배당소득 분리과세 (2012년 말까지 수령분)
세율	5,000만 원 이하 : 15.4%	3억 원 이하 : 5.5% 3억 원 초과 : 15.4%	1억 원 이하 : 5.5% 1억 원 초과 : 15.4%	1억 원 이하 : 5.5% 1억 원 초과 : 15.4%
리스크	투자손실 환매 제한	투자손실 환매 제한	투자손실 환매 제한	투자손실 환매 제한

편입자산 따라 수익률 차이 큰 특별자산펀드

(단위 : %)

펀드명	운용사	1년	3년	설정후
대한세계로선박사모특별자산 5	하나UBS	9.61	33.93	74.84
흥국하이클래스사모특별자산 14[선박투자회사주식]	흥국운용	8.56	27.96	69.98
하이골드오션선박특별자산 1[수익권] A	하이운용	8.14	21.00	27.69
골드브릿지블루마린선박사모특별자산 1[수익권]	골든브릿지	10.80	36.41	46.51
산은KDB Shipping사모특별자산SPO―1[선박]	KDB운용	10.13	12.06	7.72
하이베리타스SI사모특별자산 1[지적재산권]	하이운용	-1.20	-5.06	-10.15
마이애셋텍사스하이앤드유전사모특별자산 1[지분권]	마이애셋	-65.92	-64.57	-64.27
한국투자사모오일에너지특별자산 4(유전사업-재간접)	한국투신	12.57	-21.59	-12.76
동양탄소배출권특별자산 1(탄소배출권-파생형) C-e	동양운용	-23.66	-70.93	-73.31
하나UBS암바토비니켈해외자원개발투자회사 1	하나UBS	-30.60	-49.30	-34.28

* 출처 : 에프앤가이드 자료

금융자산 분산 전략을 세워라

2013년부터 이자·배당소득을 합한 세전 금융소득 중 연 2,000만 원을 초과한 금액에 대해 근로소득, 임대소득 등 다른 소득과 합해 누진세율(6.6~41.8%)로 소득세가 부과되고 있다. 금융소득종합과세는 개인별 과세로 금융자산 분산 시 절세가 가능하다. 따라서 10년 단위로 배우자 6억 원, 성인 자녀 5,000만 원까지 증여세가 면제되기 때문에 합법적인 증여 방식으로 금융자산을 분산하는 것도 하나의 절세 전략이 될 수 있다.

한편, ELS(주가연계증권)에 뭉칫돈을 넣어 높은 수익률로 상환받을 수 있는 자산가들은 소득이 없는 배우자에게 최종 상환 전에 넘기는 방법을 검토할 필요가 있다. ELS의 경우 보유기간과 관계없이 수익을 실현할 때 보유하고 있는 사람이 세금을 내게 되기 때문이다. 또한 조기 환매도 고려할 만하다. 현재 시점 평가액으로 ELS를 중도 환매할 경우 추가 비용은 들지 않는다.

ELS발 종합과세 폭탄 제거 방법

명의 이전	배우자에게 증여할 경우 10년간 6억 원까지 증여세 면제
중도 환매	일정 수익률 달성했을 경우 추가 비용 없이 만기 전 환매

연도별 ELS 발행 현황

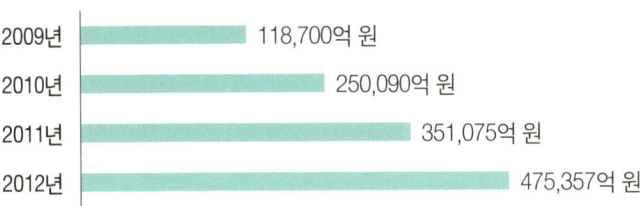

2009년   118,700억 원
2010년   250,090억 원
2011년   351,075억 원
2012년   475,357억 원

* 출처 : 예탁결제원

금융자산의 수입시기를 조절하라

금융자산 분산 전략에는 이자와 배당이 발생한 시점을 분산시키는 방법도 있다. 월마다 지급되는 상품에 가입하거나, 목돈을 나누어 상품별로 가입하여 만기를 조절하면 이자소득과 배당소득의 집중을 방지할 수 있다. 이자소득이 발생하는 무기명 채권이나 예·적금의 경우 이자를 지급받은 날이 소득시기가 되고, 배당소득 역시 실제 지급받는 날이 수입의 귀속시기가 된다. 즉 소득을 얻는 시점과 세금을 내는 시점이 동일하다 할 수 있다.

하지만 펀드인 경우에는 펀드를 환매해서 소득을 지급받은 날이 수입의 귀속시기가 되겠지만, 펀드는 1년에 한 번씩 결산을 해야 하는 의무가 있기 때문에 펀드를 환매하지 않고 보유만 하더라도 1년에 한 번씩 배당소득이 발생할 수 있다.

한편, 펀드 투자를 시작할 때 반드시 생각해봐야 할 것은 원금손실을 어느 정도까지 견딜 수 있느냐 하는 것이다. 펀드는 운용 실적에 따라 그 성과가 결정되기 때문에 원금손실 발생 가능성이 늘 존재한다.

수익만 생각하고 투자했다가는 자칫 돈이 묶여서 급하게 돈이 필요한 경우에는 마이너스 상태로 환매할 수밖에 없다. 따라서 펀드에 투자할 때는 자신의 원금손실에 대한 감내 수준을 살펴봐야 한다.

소득 구분	금융상품	귀속시기
이자소득	채권	무기명 채권 : 실제 지급받은 날
	예금 및 적금	실제 이자 지급받은 날
배당소득	펀드(투자신탁)	지급일 또는 펀드결산일
	주식	잉여금 처분결의일
	ELS	상환조건 달성 배당지급 시

※ ELS(Equity-Linked Securities) : 개별 주식의 가격이나 주가지수에 연계되어 투자수익이 결정되는 유가증권을 말한다.

03_

과세당국,
차명계좌의 증여추정 규정
그물망을 만들다

차명계좌 사용 시 증여세 폭탄

그동안 차명계좌를 개설하여 현금을 입금하여도 계좌의 명의자가 당해 금전을 인출하여 실제 사용하지 않는 한, 계좌 명의자가 차명재산임을 주장하는 경우에는 송금 사실만으로는 증여세를 과세하는 것은 곤란한 점이 있었다.

대법원(96누3272, 1997. 2. 11)에서는 "증여자로 인정된 자 명의의 예금이 인출되어 납세자 명의의 정기예금으로 예치되거나 기명식 수익증권의 매입에 사용된 사실이 밝혀진 이상 그 예금은 납세자에게 증여된 것으로 추정되고, 그와 같은 예금의 인출과 납세자 명의로의 예금 등이 증여가 아닌 다른 목적으로 행하여진 것이라는 등 특별한 사

정이 있다면 이에 대한 입증의 필요는 납세사에게 있다"라고 판시하
기도 하였다.

이에 따라 차명계좌에 대한 취득추정 규정을 명문화하여 차명계좌
에 증여추정을 규정하게 되었다. 이 규정은 2013년 1월 1일 이후 신고
하거나 결정 또는 경정하는 분부터 적용한다.

차명계좌의 광범위한 사용,
이제는 안 된다

한편, 자산가들은 본인 자금의 일부를 배우자와 자녀 명의의 예금·
증권거래 계좌(차명계좌)로 운용하는 경우가 적지 않다. 예금자보
호 한도가 현행법상 5,000만 원까지다 보니 자신이 가진 금융자산을
5,000만 원 이하씩 분산하여 가족 명의의 예금계좌에 넣어두는 경우가
많았다. 또한 2,000만 원을 초과하는 이자·배당소득을 소득세에 합산
해 고율로 과세하는 금융소득종합과세와 이에 따른 건강보험료 인상
을 피하고자 이 같은 선택을 하는 경우도 있었다.

차명계좌 입증받을 대비책 세워라

2013년부터 '차명계좌 증여추정'제도가 시행된 이후 차명계좌는 원
칙적으로 증여한 것으로 추정된다. 그리고 차명계좌를 통한 탈세가 적

발될 경우에는 큰 대가를 치러야 한다. 차명계좌에 대한 명확한 반증이 없는 경우 증여로 추정되어 미신고에 따른 가산세(증여세의 40%)가 추가되고, 미납부에 따른 가산세(매일 0.03%)도 부과된다. 만일 세무조사 과정에서 차명재산임이 확인된다면 국세청의 '차명계좌 블랙리스트'에 올라 평생 추적을 받을 수도 있다.

또한 차명계좌를 본인의 계좌로 환원시키는 과정에서 다시 증여세가 과세될 위험이 크다. 그러므로 자산가들은 현재 있는 금융 운용 계좌가 차명계좌임을 명백히 입증할 수 있는 증거를 만들어놓는 것이 바람직하다.

구분	세금 리스크
차명계좌 입증 시	• 금융소득종합과세 재합산 • 사업소득 매출누락자금인 경우 소득세 재계산
차명계좌 미입증 시	• 증여세 과세 • 사업소득 매출누락자금인 경우 소득세 재계산
차명계좌 반환 시	• 차명계좌 확인 시 반환에 대한 증여세 없음 • 차명계좌 미입증 시 재차 증여 문제 발생

※ 이 규정은 2013년 1월 1일 이후 신고하거나 결정 또는 경정하는 분부터 적용되므로 과거로부터 존재하는 차명계좌에도 적용된다. 따라서 금융전문 세무사와 상담하여 세무 방어 전략을 세워야 한다.

04_

FIU, 의심거래내역
국세청에 자료제공하다
- STR, CTR[5]

금융정보분석원과
국세청과의 유기적인 공조시대

암행어사 출두!

1인, 1거래일, 2천만원 이상의 현금 이동을 보고하라!

FIU

국세청

특정 금융거래정보의 보고 및 이용 등
에 관한 법률(이하 FIU법)이 있다. 여기
에는 금융회사 등은 불법재산으로 의심되는
금융거래와 1인당 1거래일에 2,000만 원 이상의
현금이 이동되는 금융거래는 그 내용을 금융정보분석원(FIU)에 보고
해야 한다는 내용을 담고 있다.

5) 금융위원회 금융정보분석원 홈페이지(www.kofiu.go.kr) 내용 참조(2014년 1월 현재)

  금융정보분석원장은 불법재산·자금세탁 행위 또는 공중 등에 대한 협박을 목적으로 한 자금조달 행위와 관련된 형사사건의 수사, 조세탈루 혐의 확인을 위한 조사업무, 조세 체납자에 대한 징수업무, 관세 범칙사건 조사, 관세탈루 혐의 확인을 위한 조사업무, 관세 체납자에 대한 징수업무 및 정치자금법 위반사건의 조사 등에 필요하다고 인정되는 경우 금융정보를 검찰총장, 국세청장, 관세청장, 중앙선거관리위원회 또는 금융위원회의 요구에 따라 제공해야 한다.

  세금과 관련된 자금세탁 행위는 지금까지는 조세범처벌법의 대상이 되는 조세범칙사건에 한정되었다. 그러나 2013년 11월부터 시행되는 개정법에서는 조세탈루 목적의 재산 취득 및 처분 행위 등도 자금세탁 행위에 포함되어 광범위한 세무조사에 금융정보분석원의 자료를 이용할 수 있게 된 것이다.

2008년 이후 연도별 의심거래 보고 실적

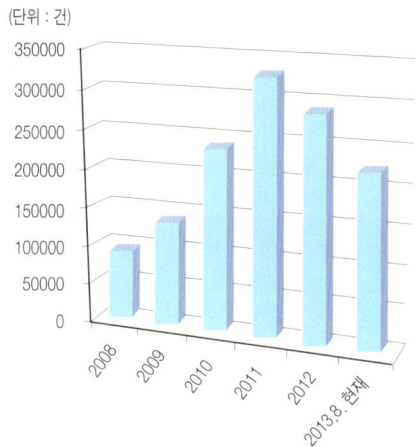

(단위 : 건)

* 출처 : 금융위원회

* 출처 : 금융정보분석원 홈페이지

　자금세탁 행위에 대해 국세청장의 요구가 있으면, 금융정보분석원은 금융거래 금액이 불법재산이라고 의심되는 근거, 매출액이나 재산·소득 규모에 비추어 현금거래의 빈도가 높거나 액수가 과다해 조세탈루의 의심이 있는 경우의 해당 정보, 역외탈세의 우려가 있는 경우의 해당 정보, 그 밖에 조세탈루의 우려가 있는 경우로서 국세청장이 혐의를 제시하는 경우의 해당 정보 등을 국세청에 제공해야 한다.

혐의거래보고제도(STR)

의심거래보고제도의 정의

　의심거래보고제도STR, Suspicious Transaction Report란, 금융거래(카지노에서의 칩교환 포함)와 관련하여 수수한 재산이 불법재산이라고 의심되는 합당한 근거가 있거나 금융거래의 상대방이 자금세탁 행위를 하고 있다고 의심되는 합당한 근거가 있는 경우, 이를 금융정보분석원 장에게 보고토록 한 제도다. 불법재산 또는 자금세탁 행위를 하고 있다고 의심되는 합당한 근거의 판단 주체는 금융회사 종사자이며, 그들의 주관적 판단에 의존하고 있다.

우리나라 혐의거래보고제도의 기본 체계

① 혐의거래보고의 대상

금융회사 등은 금융거래와 관련하여 수수한 재산이 불법재산이라고 의심되는 합당한 근거가 있거나 금융거래의 상대방이 자금세탁 행위나 공중협박자금조달 행위를 하고 있다고 의심되는 합당한 근거가 있는 경우에는 지체 없이 의무적으로 금융정보분석원에 의심거래보고를 하여야 한다.

의심거래보고를 하지 않는 경우에는 관련 임직원에 대한 징계 및 기관에 대한 시정 명령과 과태료 부과 등 제재 처분이 가능하다. 특히 금융회사가 금융거래의 상대방과 공모하여 의심거래보고를 하지 않거나 허위보고를 하는 경우에는 6개월의 범위 내에서 영업정지처분도 가능하다.

의심거래보고 건수는 2010년 6월 30일부터 의심거래보고 기준금액이 2,000만 원에서 1,000만 원으로 하향조정되고, 2013년 8월 13일부터 의심거래보고 기준금액이 삭제됨에 따라 크게 증가되고 있는 추세다.

② 혐의거래보고의 방법 및 절차

영업점 직원은 업무지식과 전문성, 경험을 바탕으로 고객의 평소 거래 상황, 직업, 사업 내용 등을 고려하여 취급한 금융거래가 혐의거래로 의심되면 그 내용을 보고책임자에게 알려야 한다.

보고책임자는 특정금융거래정보 보고 및 감독 규정의 별지 서식에 의한 의심스러운 거래보고서에 보고기관, 거래상대방, 의심스러운 거래 내용, 의심스러운 합당한 근거, 보존하는 자료의 종류 등을 기재하여 온라인으로 보고하거나 문서 또는 플로피디스크로 제출한다. 단, 긴급한 경우에는 먼저 전화나 팩스로 보고한 다음 추후 보완할 수 있다.

③ 혐의거래보고 정보의 법집행기관에 대한 제공

금융기관 등 보고기관이 의심스러운 거래(혐의거래)의 내용에 대해 금융정보분석원KoFIU에 보고하면 KoFIU는 보고된 혐의거래 내용과 외환전산망 자료, 신용정보, 외국 FIU의 정보 등 자체적으로 수집한 관련 자료를 종합·분석한 후 불법거래 또는 자금세탁 행위와 관련된 거래라고 판단되는 때에는 해당 금융거래자료를 검찰청·경찰청·국세청·관세청·금융위원회·선거관리위원회 등의 법집행기관에 제공한다. 그러면 법집행기관은 거래내용을 조사·수사하여 기소 등의 의법조치를 하게 된다.

고액현금거래보고제도(CTR)

고액현금거래의 개념

고액현금거래보고제도CTR, Currency Transaction Reporting System는 일정 금액 이상의 현금거래를 FIU에 보고토록 한 제도다. 1일 거래일 동안 2,000만 원 이상의 현금을 입금하거나 출금한 경우 거래자의 신원과 거래일시, 거래금액 등 객관적 사실을 전산으로 자동 보고토록 하고 있다. 따라서 금융기관이 자금세탁의 의심이 있다고 주관적으로 판단하여 의심되는 합당한 사유를 적어 보고하는 의심거래보고제도STR 와는 구별된다.

우리나라는 2006년에 이 제도를 처음 도입하였다(특정금융거래정보의 보고 및 이용 등에 관한 법률 제14조의 2, 시행일자 2006. 01. 18). 도입 당시는 보고 기준금액을 5,000만 원으로 하였으나, 2008년부터는 3,000만 원, 2010년부터는 2,000만 원으로 단계적으로 인하하여 운영하고 있다.

도입 목적

고액현금거래보고제도는 객관적 기준에 의해 일정 금액 이상의 현금거래를 보고토록 하여 불법자금의 유출입 또는 자금세탁 혐의가 있는 비정상적 금융거래를 효율적으로 차단하려는 데 목적이 있다. 현금거래를 보고토록 한 것은 1차적으로는 출처를 은닉·위장하려는 대부분의 자금세탁거래가 고액의 현금거래를 수반하기 때문이며, 또한 금융기관 직원의 주관적 판단에 의존하는 의심거래보고제도만으로는 금융기관의 보고가 없는 경우 불법자금을 적발하기가 사실상 불가능하다는 문제점을 해결하기 위한 것이다.

국제적으로는 모든 국가가 이 제도를 도입하고 있는 것은 아니며, 각국이 사정에 맞게 도입·운영하고 있다. 우리나라는 금융거래에서 현금거래 비중이 높은 점 때문에 자금세탁 방지의 중요한 장치로서 도입 필요성이 강하게 제기되어 왔다.

고액현금거래보고제도가 자금세탁거래를 차단하는 데 효율적이라는 점이 인정됨에 따라 국제자금세탁방지기구FATF, Financial Action Task Force on Money Laundering 등 자금세탁 방지 관련 국제기구는 각국이 이러한 제도를 도입할 것을 적극 권고하고 있다.

외국 사례

고액현금거래보고제도는 미국을 시작으로 호주, 캐나다 등 주로 선진국의 FIU에서 도입·운영해왔고, 최근에는 대만, 과테말라, 슬로베니아, 파나마, 콜롬비아, 베네수엘라 등으로 그 도입이 점차 확대되고 있다. 보고대상기관은 대부분의 국가에서 은행, 증권회사, 보험회사 등 모든 업종의 금융기관으로 하고 있다.

보고기준금액은 자금세탁 등 불법자금 유통을 효과적으로 차단할 수 있는 범위 내에서 현금거래 성향, 수준 등을 고려하여 각국이 결정하므로 국가에 따라 조금씩 다르다. 미국, 호주, 캐나다 등 주요국에서는 1만 달러(자국 화폐 기준)를 기준금액으로 하고 있다.

한편, 미국과 캐나다 등에서는 보고와 관련된 비용부담을 줄이고, 자료의 실효성을 제고하기 위해 자금세탁 위험성이 상대적으로 낮은 정부기관 또는 금융기관 등과의 거래는 금융회사가 스스로 판단하여 보고대상에서 제외할 수 있도록 하는 '보고면제제도'를 운영하고 있다. 반면, 우리나라는 고액현금거래보고 면제대상기관을 법령(특정금융거래보고법 시행령)에 명시하고, 이 대상기관의 현금거래는 고액현금거래보고를 면제토록 하는 '면제대상 법정 지정방식'을 채택하고 있다

> 각 나라는 분할거래를 통해 고액현금거래보고제도를 회피하는 것을 방지하기 위해 일정 기간 동안의 다중거래는 단일거래로 판단하여, 그 합이 보고기준금액을 넘을 경우에도 보고토록 하는 장치를 두고 있다.

미국, 캐나다, 호주의 사례 비교

국가	기준금액	보고대상기관	보고건수
미국	USD 10,000 이상	은행, 증권브로커와 딜러, 자금서비스업, 카지노 등	연간 1,200~ 1,300만 건
캐나다	CAD 10,000 이상	은행, 신탁회사, 생명보험회사, 증권딜러, 환전업자, 회계사(법인). 부동산중개인, 카지노 등	연간 약 200만 건
호주	AUD 10,000 이상	은행, 보험회사 및 보험중개인, 금융서비스업, 신탁회사, 변호사 또는 법무법인, 카지노 등	연간 약 200만 건

※ 금융정보분석원(http://www.kofiu.go.kr) 자료

고객확인제도(CDD)

고객확인제도의 개념

고객확인제도CDD, Customer Due Diligence란, 금융회사가 고객과 거래 시 고객의 성명과 실지명의 이외에 주소, 연락처 등을 추가로 확인하고, 자금세탁 행위 등의 우려가 있는 경우 실제 당사자 여부 및 금융거래 목적을 확인하는 제도다.

금융회사가 고객에 대해 이렇게 적절한 주의를 기울이도록 한 것은 자신이 제공하는 서비스가 자금세탁 행위 등에 이용되는 것을 방지하기 위한 것이다. 우리나라 법률에서는 이를 '합당한 주의'로서 행하여야 하는 의무사항으로 규정하고 있다.

국제적으로 고객확인제도는 2003년부터 본격적으로 도입되었고, 우리나라는 금융실명제를 토대로 하되 금융실명제가 포함하지 않고 있는 사항을 보완하는 차원에서 특정금융거래보고법에 근거를 두고 2006년 1월 18일부터 이 제도를 도입하였다. 2010년 7월 새롭게 제정·시행된 '자금세탁방지 및 공중협박자금조달금지 업무규정(FIU 고시)'에서는 고객확인제도의 이행사항을 상세하게 규정하고 있다.

실명확인제도와 고객확인제도 비교

금융실명법	특정금융거래보고법상 고객확인제도(CDD) (2006년1월 도입)	
		고위험고객 : 강화된 고객확인(EDD)
성명, 주민번호	성명, 주민번호 + 주소, 연락처	성명, 주민번호, 주소, 연락처 + 실제당사자 여부, 거래목적

※ EDD(Enhanced Due Diligence)

고객확인제도는 금융회사 입장에서 자신의 고객이 누구인지 정확하게 알고, 범죄자에게는 금융서비스를 제공하지 않도록 하는 정책이라 하여 '고객알기정책Know Your Customer Policy'이라고도 한다.

고객확인 대상

금융기관은 계좌의 신규 개설이나 2,000만 원(미화 1만 달러) 이상의 일회성 금융거래 시 고객의 신원을 확인해야 하며, 그 구체적인 내용은 다음과 같다.

① 계좌의 신규 개설

고객이 금융기관에서 예금계좌, 위탁매매계좌 등을 개설하는 경우뿐만 아니라, 일반적으로 금융기관과 계속적인 금융거래를 개시할 목적으로 계약을 체결하는 것을 말한다. 예를 들어, 보험·공제계약, 대출·보증·팩토링계약의 체결, 양도성예금증서·표지어음의 발행, 금고대여 약정, 보관어음 수탁 등도 '계좌의 신규 개설'에 포함된다.

② 원화 2,000만 원(외화 1만 달러) 이상의 일회성 금융 거래

금융기관 등에 위와 같이 개설된 계좌에 의하지 아니한 금융거래를 말한다. 예를 들어, 무통장입금(송금), 외화송금·환전, 자기앞수표 발행, 어음·수표의 지급, 선불카드 매매 등이 이에 해당된다.

고객확인 내용

① 고객별 신원확인

구분	신원확인사항(시행령 제10조의 4)
개인	실지명의(금융실명법 제2조 제4호의 실지명의), 주소, 연락처
영리법인	실지명의, 업종, 본점 및 사업장 소재지 , 연락처, 대표자 실지명의
비영리법인 및 기타 단체	실지명의, 설립목적, 주된 사무소 소재지, 연락처, 대표자 실지명의
외국인 및 외국단체	위의 분류에 의한 각각의 해당사항, 국적, 국내 거소 또는 사무소 소재지

② 고객이 자금세탁 행위를 할 우려가 있는 경우

금융기관은 실제 당사자 여부가 의심되는 등 고객이 자금세탁 행위를 할 우려가 있는 경우에는 신원확인 외에 '고객의 실제 당사자 여부 및 금융거래 목적'을 확인하여야 한다.

강화된 고객확인제도(EDD)

2007년 12월 21일에 공포되고, 2008년 12월 22일부터 시행된 개정 '특정금융거래보고법'은 금융기관으로 하여금 스스로 고객 및 거래유형에 따른 자금세탁 또는 공중협박자금조달의 위험도를 평가하도록 하고 있다. 이에 따라 고위험 고객 또는 거래라고 평가된 경우에는 한

층 강화된 고객확인제도EDD, Enhanced Due Diligence를 수행토록 의무
화하였다.

　즉 자금세탁 행위를 할 우려가 있는 고객을 가려내기 위해 위험도
평가 시스템을 도입하도록 한 것이다. 이러한 시스템을 도입함으로써
'자금세탁의 우려가 있는 경우 실제 당사자 여부 및 금융거래 목적의
확인'이 실질적으로 실행 가능하게 되었다. 고위험 고객 또는 거래에
대하여는 일반 고객보다 강화된 고객확인 절차와 방법으로 고객확인
을 함으로써 위험기반 접근법Risk-based Approach에 기초하여 보다 효
율적으로 자금세탁 의심거래를 가려낼 수 있게 된 것이다.

05_

미국 FATCA(FBAR), 금융 자산가들을 압박하다

우리나라 해외금융계좌신고제도와 미국 시민권자 등의 FBAR 제도

우리나라는 2011년 '해외금융계좌신고제도FATCA, Foreign Account Tax Compliance Act'를 도입하였다. 이는 해외금융기관에 해외금융계좌를 보유한 한국 거주자와 내국법인이 해당 연도 중에 어느 하루(2013년 보유계좌부터는 매월 말일 중 어느 하루)라도 보유계좌잔액이 10억 원을 초과하는 경우에 해당 해외금융계좌를 매년 6월에 신고하도록 한 제도다.

국세청은 신고의무자가 신고기한 내에 해외금융계좌정보를 신고하지 않거나 과소 신고한 경우 미신고 금액의 10% 이하에 상당하는 과태료를 매년 연속적으로 부과하며, 2014년부터는 형벌까지 가할 수 있다.

2015년부터 연간 이자 10달러만 초과해도 한국 국세청으로 바로 보고된다

2014년 3월 말 '한·미 조세정보 자동교환협정'으로 한·미 양국 간 정기적으로 금융정보를 수집할 수 있게 됐다. 협정에 따르면 한·미 양국은 내년부터 매년 정기적으로 조세 관련 금융정보를 상호 교환할 수 있다. 한국 금융회사는 미국인 계좌를 한국 국세청에, 미국 금융회사는 한국인 계좌를 미국 국세청에 보고하도록 해 양국 국세청이 금융계좌정보를 정기적으로 교환할 것이란 얘기다. 따라서 해외에 금융자산을 은닉하거나 해외 페이퍼컴퍼니를 통해 세금을 피하려는 시도는 더욱 어려워질 것이다.

미국에서 한국으로 보고되는 개인 대상 계좌는 연간 이자가 10달러를 초과하는 예금계좌나 미국 원천소득과 관련된 기타 금융계좌이고, 법인은 미국 원천소득과 관련된 금융계좌다. 보고 대상 금융정보는 이자·배당·기타 원천소득이다.

한국이 미국으로 보고하는 대상 계좌는 매년 12월 말 기준으로 개인은 5만 달러(2014년 6월 말 이전 가입 저축성보험은 25만 달러)를 초과하는 금융계좌다. 법인은 25만 달러를 초과하는 금융계좌(2014년 7월 이후 신규 계좌는 제한 없음)다. 보고 대상 금융정보는 이자·배당·기타 원천소득과 세좌산액이다. 전년도 말 금융정보를 매년 9월 말까지 서로 교환하며 시행은 2015년부터다.

FATCA의 특징

구분	해외금융계좌신고제도(FATCA)
신고의무자	거주자와 내국법인
신고기준금액	10억 원 초과(1년 중 1일 기준)
신고대상계좌	해외금융계좌에 보유한 모든 금융자산 관련 계좌 • 해외금융계좌 : 해외금융회사에 개설 보유한 은행계좌(예금, 적금 등) 및 증권계좌
신고기간	매년 6월(6.1~6.30)에 전년도 보유계좌내역을 홈택스(hometax)로 전자신고하거나 신고서에 기재하여 납세지 관할세무서에 제출
신고의무 위반 시 제재	[과태료 부과] 미(과소)신고금액의 10% 이하 과태료 부과 [명단 공개] 미(과소)신고금액 50억 원 초과 시 성명, 주소 등 인적사항 공개 • 2014년 신고부터는 미(과소)신고금액 50억 원 초과 시 형사처벌 될 수 있음

FATCA가 더 강력하다

FATCA가 시행되는 2014년 7월 1일 이후 해외(예를 들어 한국)에서 신규로 계좌를 만들 때, 미국인인지 아닌지를 확인하는 서류를 작성해서 은행에 제출해야 한다. 그리고 은행은 매년 소유주가 미국인인지 여부를 실사해야 한다. FATCA가 시행되기 전부터 보유한 기존 계좌는 최장 2년 동안 전산 실사와 수작업 실사를 진행한다. 이 과정을 통해서 미국인임이 확인되면 FATCA에서 요구하는 정보를 매년 미국 국세청에 보고한다.

미국인이란 미국 세법상 납세의무를 지는 납세자를 의미하는데, 미국인은 다시 개인Individual, Citizen and Resident, 공동사업자 Partnership, 법인Corporation, 신탁재단 Trust, 그리고 상속재단 Estate으로 구분된다. 미국의 개인은 시민권자와 비시민권자로 나뉘며, 비시민권자는 다시 거주자와 비거주자로 구분된다. 그러므로 미국의 세법상 개인 납세자는 시민권자, 비시민권자 중 거주자 요건을 충족하는 사람으로 구성된다.

따라서 영주권이 없는 사람, 3년 동안 183일 미만 거주자, 그리고 조세조약에 의해 타방 체약국의 거주자로 인정된 사람 등은 FATCA 의무대상자에서 제외된다.

FATCA의 입법으로 인해 납세자에게 요구되는 신고의무는 '해외금융자산신고(Form 8938)'와 '해외투자회사지분보유신고(Form 8621)' 두 가지다. 이 두 가지를 차례대로 살펴보면 다음과 같다.

첫째, 납세자는 과세연도에 합계금액 5만 달러를 초과하는 해외금융자산 Foreign Financial Assets을 보유하였을 경우, 소득세 신고 시 해외금융자산신고서(Form 8938)를 함께 제출하여야 한다.

둘째, 납세자가 과세연도에 해외투자회사의 지분을 보유한 주주라면, 이 해외투자회사지분PFIC, Passive Foreign Investment Company 보유에 관한 정보를 소득세 신고 시 해외투자회사지분보유신고서(Form

8621)에 기입하여 함께 제출하여야 한다. 이 신고의 경우 신고하지 않더라도 직접적인 벌금은 없으나, 향후 보유지분의 처분 시 종합과세되어 상대적으로 높은 세율을 적용받게 되므로 이것이 벌금 성격의 불이익이 된다. 신고를 할 경우 처분이익은 양도소득으로 분류되어 1년 이상 장기 보유라면 절세 혜택을 누릴 수 있다.

미국 국세청에 보고해야 하는 자료는 다음과 같다. ①고객의 이름, 주소, 미국납세자등록번호Taxpayer Identification Number, ②계좌번호, ③해외금융기관의 이름과 식별번호, ④해당 연도의 12월 말일 또는 계좌가 해당 연도 중에 해지된 경우 해지 직전의 예금 등의 잔액, ⑤이자 및 배당소득(2016년 실행), ⑥금융자산 매각에 따른 총 지급액(2017년 실행)이다.

만일 계좌 소유주가 미국인임을 확인하는 절차를 거부할 경우에는 비협조고객Recalcitrant으로 구분해 원천징수 등의 불이익을 준다. 단, 은행별 기준으로 5만 달러(매년 연말 기준, 기존 계좌는 2014년 7월 1일 기준) 이하의 고객은 실사와 보고의 대상에서 제외된다.

FATCA 대응방안,
전문가와 빨리 상담하라

미국 정부는 FATCA 이행을 위해 해외금융기관 협약과 국가 간 협의IGA, Intergovernmental Agreements를 동시에 진행한다. 결국 2014년 7월 1일부터 FATCA 규제 대상에서 벗어나기 위해서는 2014년 6월 30일 이

전에 은행별로 5만 달러(현금성 보험자산은 25만 달러) 이하로 낮춰야
한다. 또한 2014년 6월 30일 이전에 미국 국적을 포기하는 방법도 있
다. 하지만 이 역시 완벽하게 FATCA 규제를 피하긴 어렵다. 미국은
2008년부터 고소득자나 대재산가(200만 달러 이상의 자산가)가 국적
을 포기하는 경우에 '국적포기세Expatriation Tax'를 부과하기 때문이다.

  금융재산 외 다른 유형의 자산(외국부동산, 외국통화, 귀금속, 동산
은 보고 제외)으로 변경되더라도 언젠가는 보고 대상이 될 가능성이
있다. 국가 간 협의가 적극적인 협력관계로 협약이 진행될 경우, 향후
보고 대상이 다른 자산으로 확대될 가능성을 배제할 수 없다.

  미국에도 해외금융계좌신고제도와 유사한 '해외계좌신고제도
FBAR, Foreign Bank Account Reporting'가 있다. 이 제도는 미국 세법상의
거주자가 단 하루라도 1만 달러(현재 환율 기준으로 약 1,000만 원)를
초과한 해외금융계좌를 보유할 경우 미 재무부에 신고하는 제도다. 이
를 위반할 경우에는 민·형사상의 제재가 따른다. 20만 달러를 초과하
는 금융계좌는 최대 잔액의 50%에 상당하는 벌금이 부과된다. 벌금 외
에 가산세를 포함한 세금은 별도다. 개인 입장에서 보면 FBAR의 벌칙
이 FATCA보다 훨씬 무겁다.

  그럼에도 FATCA에 더 민감하게 반응하는 이유는 뭘까? FBAR에서
는 계좌 소유주의 자발적인 보고에 의존한다. FATCA에서는 계좌 소
유주의 자발적인 보고뿐 아니라 금융기관에도 미국인 정보를 넘기라
고 요구한다. 결국 FATCA가 시행될 경우 계좌 소유주의 자발적인 보
고가 없어도 그동안 FBAR 보고를 하지 않은 것까지 미국 정부에서 알
게 된다.

FBAR과 FATCA비교

구 분	FBAR	FATCA	비 고
근거법	Bank Security Act, 1970	HIRE Act 2010	FATCA는 HIRE Act의 Chapter 4의 부속입법
기준금액	1만 달러	5만 달러 / 연간 7만 5,000달러 이상 시 (보험 : 25만 달러)	부부합산 : 10만 달러
보고대상	해외금융계좌 (은행, 증권, 보험)	해외금융계좌 (은행, 증권, 보험) 및 해외투자회사지분	
신고양식	TD F 90-22.1	Form 8938 Form 8621	
보고시기	6월 30일 / U.S. Treasury(재무부)	4월 15일 / IRS(국세청)	FATCA는 미국 소득세와 연동
강제성	개인의 자발적 신고 (누락 확률 높음)	금융기관의 법적 강제성	

※ FBAR(Report of Foreign Bank and Financial Accounts)

13 | 신탁상속에 대해 **말하다**

01_

상속 다툼,
신탁으로 해결하라

상속 문제로 골머리 앓는 사람들

자산가인 S씨는 남편과 이혼은 하지 않았지만 별거한 지 10년째다. 도박 등에 빠져 방탕하게 생활하던 남편과는 정상적인 관계가 불가능하였다. 남편과 별거한 뒤 S씨는 10년 동안 열심히 사업을 꾸렸고, 이제는 매출 규모가 50억 원대인 중소기업 CEO가 되었다. 자녀들도 별탈 없이 잘 자라고 있었다.

최근 S씨는 걱정거리가 하나 생겼다. 만일 본인이 사망할 경우 어렵게 모은 재산이 남편에게 넘어갈 수 있기 때문이다. 이 경우 남편은 재산을 탕진할 게 뻔했는데, 어린 자녀들을 위해서 안전하게 자산을 이전해줄 방법이 필요했다.

자산가 P씨는 사고로 외동아들을 잃었다. 현재 며느리와 손자 2명이 같이 살고 있는데, P씨는 본인 사망 후 며느리보다는 장손인 손자에게 자신의 자산이 이전되기를 원한다. 문제는 아직 손자들이 미성년자라는 것이다. 설령 손자에게 상속해주더라도 친권자인 며느리가 재산권을 행사하는 것이 마음에 걸렸다.

중견기업 사장 C씨는 사실 노후 걱정이 없다. 25년간 사업을 하면서 남부럽지 않은 재력을 갖게 되었기 때문이다. 하지만 A씨에게도 남모를 고민이 있으니, 바로 둘째 아들 때문이다. 어려서부터 자폐증을 앓아온 둘째는 아직도 가족 이외 사람을 만나는 게 어렵다. C씨는 "내가 죽으면 둘째는 어떡하나" 하는 생각에 밤잠을 설치기도 한다.

70억 원대 재산을 가진 L씨의 자녀들은 요즘 걱정이 많다. 민법 개정안에 따라 10년 전 아버지와 재혼한 새어머니에게 재산의 상당 부분이 상속될 가능성이 커졌기 때문이다. 재혼 후 아버지의 사업이 급격히 성장하면서 현재 새어머니의 몫이 수십억 원에 이를 것으로 예상된다. L씨의 자녀들은 아버지가 새어머니 몫을 줄이는 방향으로 은행과 유언대용신탁 계약을 맺도록 설득 중이다.

위의 사례들은 일부에 지나지 않는다. 실제로 많은 가족들이 피상속인 사망 시 갈등을 겪고, 심지어 법정에서 만나기도 한다. 하지만 피상속인이 생전에 유언대용신탁을 계약한다면 심각한 상속 다툼을 미연에 방지할 수 있다.

02_

신탁상속,
절세보다 기능을 이용하라

자산가들의 말 못할 고민,
신탁상속으로 풀다

금융기관이 위탁자와 생전에 신탁 계약을 맺고 재산을 관리해주다가 계약자의 사망 시 계약 내용대로 자산을 분배·관리하는 금융상품이다. 살아있을 때 돈을 맡기기 때문에 '생전신탁'으로도 불리며, 유언을 대체하는 효과가 있다.

신탁제도의 가장 큰 장점은 유언장에 비해 유연하고, 다양한 방식으로 상속 계획을 세울 수 있다는 것이다. 유언장은 상속인이 사망했을

경우 대응이 불가능하고, 미성년 상속인의 경우 후견인의 개입이 우려
된다. 이와 달리 유언대용신탁은 상속인 사망을 대비해 제2, 제3의 상
속인 설정이 가능하며, 미성년 상속인이 일정 연령 도달 때 상속받도
록 설정이 가능하다.

유언장의 경우 자필증서·녹음·공증·비밀증서 등의 형식으로 행해
지지만, 유언대용신탁은 금융사와의 신탁계약으로 유언을 대체할 수
있으며, 생존 시부터 자산신탁이 가능하다. 또 금융회사가 존재하는
한 신탁이 유효하고, 금융사가 파산할 경우에도 신탁자산은 손해 없이
본인이나 상속인에게 돌아가기 때문에 20~30년 후의 상황까지 설정해
계약할 수 있다는 이점이 있다.

한편, 2012년 7월 26일부터 개정 신탁법이 발효되면서 민법에서 허
용하는 5가지 유언 방식(자필증서·녹음·공정증서·비밀증서·구수증
서) 외에 유언대용신탁도 유언의 효력을 발휘할 수 있게 되었다. 이로
써 금융회사의 역할에도 변화가 생겼다. 법 개정 이전에는 금융회사가
유언장 보관업무에 초점이 맞춰진 유언신탁을 주로 취급했다면, 법 개
정 후에는 유언장 없이도 재산분배를 할 수 있는 '유언대용신탁'과 세
대를 연속해 재산분배가 가능한 '수익자연속신탁' 등도 판매할 수 있
게 된 것이다.

유언장과 유언대용신탁 비교

구분	유언장	유언대용신탁
형식	자필증서, 공정증서 등	은행 등 금융사와 신탁 계약
상속인 사망 시	대응 불가	제2, 제3의 상속인 설정 가능
미성년 상속인 발생 시	후견인 개입 우려, 재산 관리 어려움	일정 연령 도달 때 상속 설정 가능, 금융사가 재산 관리
비용	자필증서 등의 경우 비용 거의 없음	수수료 등 비용 발생
법적 효력	민법상 배우자 선취분 (50%)이 우선	생전 계약이기 때문에 민법상 배우자 선취분 적용 안 됨

고령층 자산 보유 규모 예상

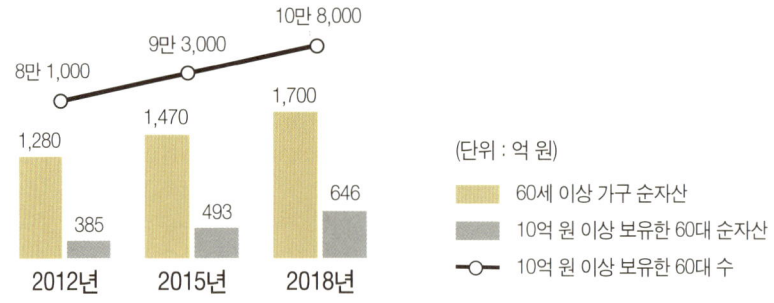

(단위 : 억 원)

■ 60세 이상 가구 순자산
■ 10억 원 이상 보유한 60대 순자산
─○─ 10억 원 이상 보유한 60대 수

* 출처 : 하나금융경영연구소

※ 유언대용신탁의 장점 : 문제 있는 자녀 상속 배제, 사위 배제, 장애를 가진 상속자 보존 등

금융권의 유언대용신탁 상품 현황

신탁을 활용한 재산 상속은 미국, 일본 등에서는 보편화된 방법이다. 우리나라도 2012년 7월 신탁법이 개정되면서 유언대용신탁과 수익자연속신탁이 도입되었으며, 금융권의 유언대용신탁 상품이 속속 출시되고 있다.

유언대용신탁 상품의 특징은 부모가 맡긴 재산을 수탁자인 은행 등 금융회사가 관리하다가 일정 시점 이후에 부모가 원하는 방식으로 자녀에게 줄 수 있다는 것이다. 대표적인 상품으로는 하나은행의 '하나 리빙트러스트', 우리투자증권의 '100세시대 대대손손신탁', 한국투자증권의 '트루프렌드 True Friend 유언대용신탁', 한화생명의 '3G 하나로 유언대용신탁' 등이 있다. 물론 수수료를 내야 하고, 신탁 상품을 이용해도 상속세 등은 내야 한다.

유언대용신탁 상품의 개발 현황

금융사	상품명	출시일
KB국민은행	KB골든라이프	2013년 3월
하나은행	리빙트러스트	2010년 4월
우리투자증권	100세시대 대대손손신탁	2012년 7월
신영증권	플랜업	2012년 7월
한국투자증권	트루프렌드	2012년 8월
대한생명	3G	2012년 8월

유언대용신탁 상품의 개발 동향

금융사	상품명	특징
KB국민은행	유언신탁	수수료 첫해 10만 원, 2년째부터 연 5만 원
산업은행	유언신탁	최저가입액 상속재산 5억 원 / 수수료 첫해 20만 원, 2년째부터 연 5만 원
우리은행	유언신탁	수수료 첫해 20만 원, 2년째부터 5만 원
외환은행	유언신탁서비스	최저가입액 예금 1억 원 / 수수료 첫해 10만 원, 2년째부터 연 5만 원
삼성증권	유언신탁	최저가입액 1억 원, 유언서 40년간 보관 / 수수료 첫해 10만 원, 2년째부터 연 5만 원
우리투자증권	리빙파트너	고객이 원하는 주기에 맞춰 지정한 수익자에게 지급 / 국공채 예금 ELS 등 안전자산 중심으로 투자
대한생명	유언신탁	수수료 첫해 20만 원, 2년째부터 연 5만 원 / 유훈통지서비스 실시
미래에셋생명	유언신탁	최저가입금액 협의 가능

부록

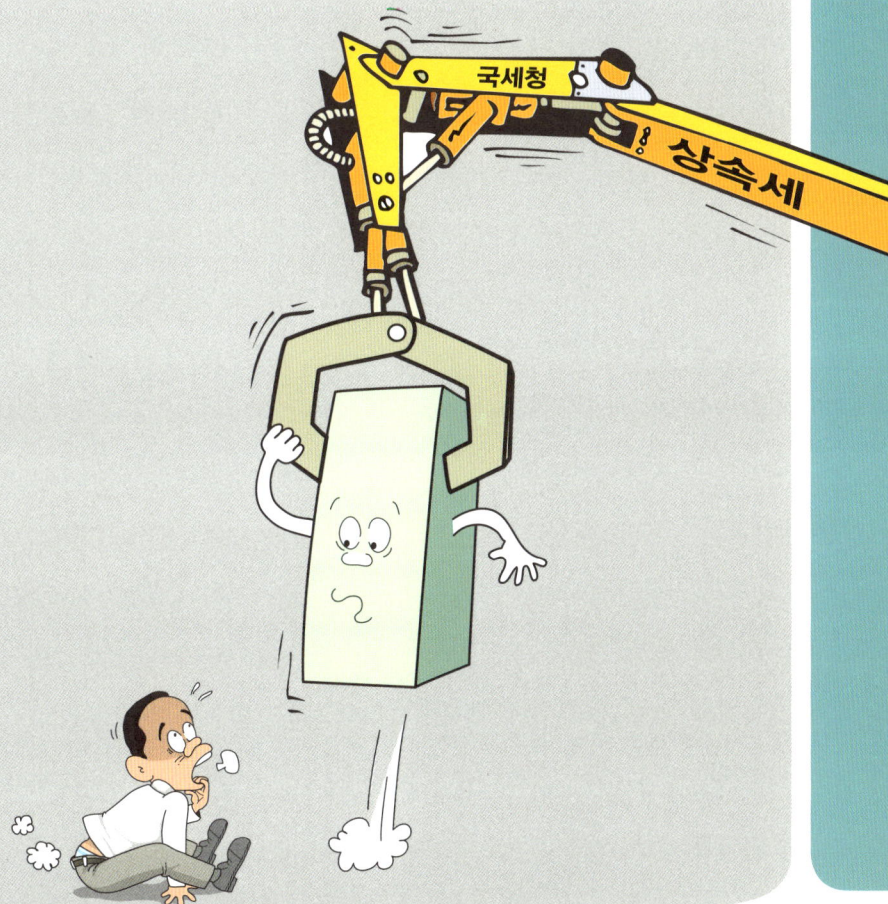

01_

국세청도 추천하는
상속세 납부재원,
종신보험

종신보험의 장점

① 어느 시점에 사망하더라도 약정한 보험금이 지급되는 적기성

② 상속세 납부재원의 활용

③ 사망보험금 수령으로 경영권 방어 및 주식물납 회피

④ 부동산, 사업용 자산 등의 급매에 따른 손실, 세후 자산의 급감 및
   가업승계 곤란 등의 위험 사전 제거

⑤ 보험계약 관계자의 설정에 따라 사망보험금이 상속재산에 포함되
   지 않을 수도 있다(계약자 = 수익자≠피보험자, 단 계약자는 보험
   료 납입 능력이 있는 실제 납입 주체여야 함).

종신보험의 경우 어느 시점에 사망하더라도 약정한 보험금이 지급되고 주식·부동산·채권 등 다른 투자상품 대비 타이밍에 따른 손실 우려도 없다는 점에서 상속세 납부재원으로는 최고의 상품이라 볼 수 있다.

02_

알기 쉬운 상속세

납부재원별 특징

현금	• 금융재산이라 하더라도 중도해지수수료, 매매 타이밍에 따른 손실 가능성이 있음. • 상속세 신고·납부기한인 유고 후 6개월 이내에 유동성 확보가 용이한 자산
대출	• 대출 가능금액 평가를 위한 감정가액으로 상향 평가되어 상속세 부담이 증가할 가능성 노출 • 비유동성 자산을 활용하여 금융기관으로부터 상속세를 납부할 수 없는 유동성 마련 기능
물납	• 기준시가로 물납 신고 시 인정받는 재산가치 역시 신고가액이므로 시가 대비 차액만큼 손실 발생 • 다른 자산으로 상속세를 납부할 수 없을 때 일부 자산의 경우 최후의 방안으로 상속세 납부 가능

부동산 매도	• 급매에 따른 손실 발생 / 기준시가로 신고한 부동산 실거래 가격이 노출되어 상속세 부담 증가 • 자산의 구조조정이나 시가로 매각이 가능한 경우 유동성 확보가 가능
종신보험	• 어느 시점에 사망하더라도 약정한 보험금이 지급되는 적기성 등 • 가입 시기에 따라 장기간 납입해야 효과적으로 사용 가능

상속절차 도식표

NO	처리기간	해야 할 일	소요기한	장소(내용)
1	2주~ 1개월 이내	사망진단서 사망신고	2~3일	병원(의사), 읍·면·동사무소 (신고기한 경과 시 과태료 부과)
2	장례기간	장례비 영수증 납골비용 영수증		장례 및 납골 절차 관련 장소
3	2개월 내	상속 부동산 조사	당일	서울 : 국토교통부 지방 : 소재지 시·도 및 시·군·구청 지적 부서
4	2개월 내	예·적금 등 상속 금융자산 조사	6~20일	금융감독원 금융민원센터
5	2개월 내	채무 조사		채권자인 금융기관 및 개인, 법인
6	2개월 내	특별대리인 선임	1개월	상속인 중 미성년자가 있는 경우 법원에 특별대리인 선임 신청 (가정법원)

NO	처리기간	해야 할 일	소요기한	장소(내용)
7	2개월 내	비상장주식 평가 신청		순자산가치와 순손익가치의 가중 평균으로 평가
8	3개월 내	상속포기 및 승인 여부 검토 • 상속포기 : 3개월 내 • 한정·단순승인 : 3개월 내	3~5주	• 상속포기 : 채무가 재산보다 많아 재산 및 채무의 상속을 모두 포기할 경우(가정법원) • 한정승인 : 재산의 범위까지만 채무 상속 승인 • 단순승인 : 포기, 한정승인 없이 3개월 경과 시 모든 재산과 채무를 상속하게 됨.
9	6개월 내	상속재산 분할 방법 확정 및 등기, 취득세 납부	1주	6개월 내 상속인 명의로 등기(등기세 납부 포함)해야 함 (신고기한 경과 시 가산세 부과)
10	6개월 내	상속세 신고 및 납부		상속개시일이 속하는 달의 말일부터 6개월 내 상속세 신고 • 현금 납부 시 : 완납 또는 1/2은 6개월 내, 1/2은 신고기한으로부터 2개월 분납 • 연부연납 : 1/6은 6개월 내 납부, 5/6에 대하여 연납, 담보 제공 및 이자 부담 • 물납 : 부동산 및 유가증권이 1/2 이상인 경우 일정 요건 충족 시 물납 가능
11	신고 후	상속세 조사		통상 상속세 신고 후 약 6개월~2년 내 조사, 조사 결과에 따라 처리

상속세 세액계산 흐름도

- 간주상속재산 : 상속 등의 법률상 원인에 의해 취득한 재산은 아니지만, 실질은 상속과 다를 바가 없어 상속재산으로 간주되는 재산을 말한다.
- 추정상속재산 : 추적이 쉽지 않은 현금 등의 형태로 상속세를 회피하는 것을 방지하기 위해 상속개시일 전 일정 기간 내에 일정 금액 이상의 예금을 인출 또는 재산을 처분한 경우 또는 채무를 부담한 경우 상속인이 그 사용 용도를 소명하지 못하면 상속재산으로 추정하여 과세하는 것을 말한다.

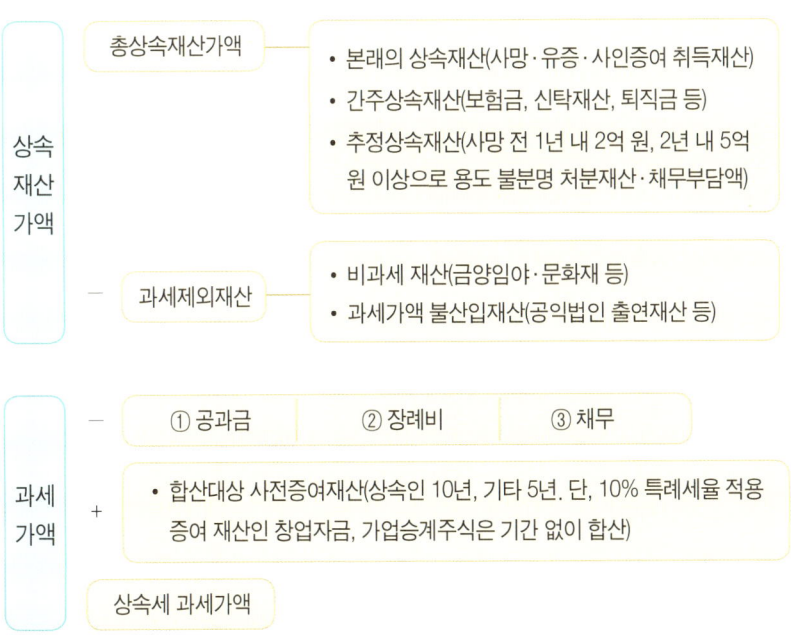

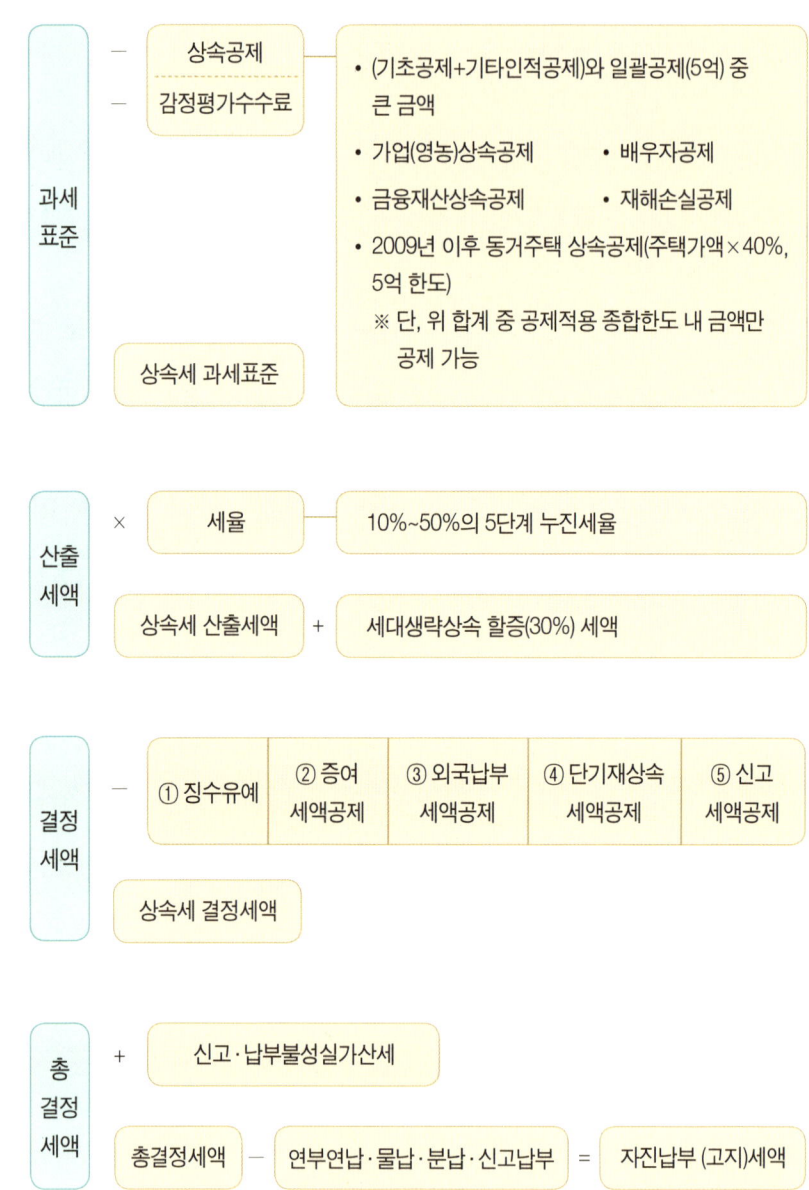

과세 표준

- 상속공제
- 감정평가수료

- (기초공제+기타인적공제)와 일괄공제(5억) 중 큰 금액
- 가업(영농)상속공제 · 배우자공제
- 금융재산상속공제 · 재해손실공제
- 2009년 이후 동거주택 상속공제(주택가액×40%, 5억 한도)
  ※ 단, 위 합계 중 공제적용 종합한도 내 금액만 공제 가능

상속세 과세표준

산출 세액

× 세율 ── 10%~50%의 5단계 누진세율

상속세 산출세액 + 세대생략상속 할증(30%) 세액

결정 세액

- ① 징수유예 ② 증여 세액공제 ③ 외국납부 세액공제 ④ 단기재상속 세액공제 ⑤ 신고 세액공제

상속세 결정세액

총 결정 세액

+ 신고·납부불성실가산세

총결정세액 − 연부연납·물납·분납·신고납부 = 자진납부 (고지)세액

상속세·증여세 세율표

1997.1.1 ~ 1999.12.31 상속·증여분		
과세표준	세율	누진공제액
1억 원 이하	10%	—
1억 원 초과 5억 원 이하	20%	1,000만 원
5억 원 초과 10억 원 이하	30%	6,000만 원
10억 원 초과 50억 원 이하	40%	1억 6,000만 원
50억 원 초과	45%	4억 1,000만 원

2000.1.1 이후 상속·증여분		
과세표준	세율	누진공제액
1억 원 이하	10%	—
1억 원 초과 5억 원 이하	20%	1,000만 원
5억 원 초과 10억 원 이하	30%	6,000만 원
10억 원 초과 30억 원 이하	40%	1억 6,000만 원
30억 원 초과	50%	4억 6,000만 원

재 산 상 속 포 기 신 고

청 구 인 (신고인)　　　　　　　　　　년　　　월　　　일생
　　　주　　소
피 상 속 인 망　　　　（　　）　　년　　　월　　　일생
　　　본　　적
　　　최후 주소

청 구 취 지

청구인은 피상속인인 망　　　의 재산상속인바 동인에 대한 상속은 이를 포기한다.
라는 심판을 구함.

청 구 원 인

1. 청구인은 피상속인의 출가녀인바, 피상속인은　　　년　　월　　일 사망하고
   신고인은 즉시 상속개시 있음을 알았고 부담없는 상속재산은 별지목록 기재 부
   동산에 대한 지분권(12분의 1)과 같습니다.

2. 그런데 공동상속인 ㅇㅇㅇ에게 귀속시키기 위하여 청구인의 상속분을 포기하고
   민법 제1019조의 규정에 의하여 신고합니다.

첨 부 서 류

1. 호적등본　　　　　　1통
2. 제적등본　　　　　　1통
3. 주민등록표등본　　　1통
4. 상속재산목록　　　　1통
5. 인감증명서　　　　　1통
6. 납부서　　　　　　　1통

년　　　월　　　일

청구인(신고인)　　　　　（인）

가정법원 귀중

03_

상속인 금융거래조회 서비스 이용 안내

상속인 등이 피상속인(사망자, 실종자, 금치산자 또는 피성년후견인)의 금융재산 및 채무를 확인하기 위하여 여러 금융회사를 일일이 방문하여야 하는 데 따른 시간적·경제적 어려움을 덜어주기 위하여 금융감독원에서 조회 신청을 받아 각 금융회사에 대한 피상속인의 금융거래 여부를 확인할 수 있는 서비스다(금융민원센터 www.fcsc.kr → 민원 신청 → 상속조회 안내).

조회범위 및 대상기관

신청서 접수일을 기준으로 금융회사에서 피상속인 명의의 예금, 대출, 보증, 증권, 보험계약(본인 해지계약 제외), 신용카드 채무(발급 여부 제외) 등의 유무를 알 수 있다.

　조회대상 기관은 예금보험공사, 은행(신용보증기금, 기술신용보증기금, 한국주택금융공사, 한국장학재단, 미소금융재단 포함), 농축협, 수협, 생명보험사, 손해보험사, 증권회사, 자산운용사, 선물회사, 종합금융회사, 카드회사, 리스회사, 할부금융회사, 상호저축은행, 신용협동조합, 새마을금고, 산림조합, 우체국, 한국예탁결제원, 대부업신용정보 컨소시엄에 가입한 대부업체

접수처

- 금융감독원 1층 금융민원센터 및 금융감독원 지원·출장소
- 국민은행 영업점
- 삼성생명고객프라자
- 농업협동조합 회원조합 및 단위조합, 동양종합금융증권 영업점
- 우리은행 영업점

조회절차

① 금융감독원은 접수대행기관(국민은행, 삼성생명고객프라자, 농업협동조합)에 접수된 조회신청서를 취합하여 각 금융협회에 조회 요청

② 각 금융협회에서 소속 금융회사에 피상속인 등의 금융거래 여부 조회 요청

③ 금융회사는 피상속인 등의 금융거래 여부 및 채무금액을 해당 금융협회에 통보

④ 각 금융협회는 취합된 조회결과를 신청인에게 문자메시지 등을 이용하여 통보(금융협회 홈페이지를 통하여도 결과 확인 가능)

※ 접수일로부터 7일 경과 후 3개월까지 금융감독원 홈페이지 (http://www.fss.or.kr) 또는 금융민원센터(http://www.fcsc.kr)에서 은행, 증권회사, 보험회사의 조회 결과를 일괄 확인할 수 있다. 다만, 조회 결과에 대한 자세한 문의는 각 금융협회 또는 해당 금융회사로 해야 한다.

〈상속인 금융거래조회 서비스 절차도〉

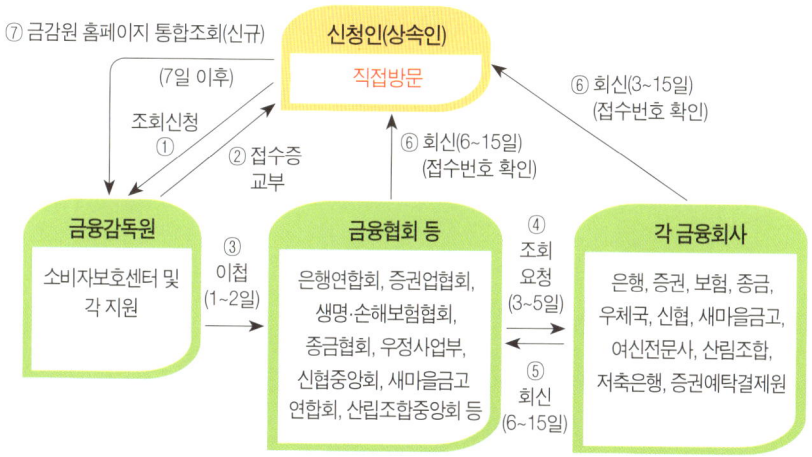

처리기간

신청일로부터 6~20일(각 금융협회별로 처리기간 상이함)

신청서류

① 상속인이 직접 신청하는 경우

- 2008년 1월 1일 이전 사망자
  - 제적등본, 상속인의 신분증

- 2008년 1월 1일 이후 사망자
  - 사망자의 사망일시가 기재된 기본증명서 또는 사망진단서 원본
  - 가족관계증명서
  - 상속인 신분증

② 대리인이 신청할 경우(아래 두 가지 모두 필요함)

- 상속인 등이 직접 신청할 경우 필요한 서류
- 상속인의 위임장(상속인의 인감도장이 날인되어 있어야 함) 및 인감증명서, 대리인의 신분증

상속인 금융거래조회 신청서

금융감독원 소비자보호총괄국장 귀하

접수번호	☐☐ - ☐☐ - ☐☐☐☐☐	신청사유	☐사망 ☐실종 ☐금치산

신청인 (상속인) 정보　　※신청인이 미성년자인 경우 법정후견인이 신청

신청인 성명 (대리인, 후견인 성명)		주민등록번호		피상속인 등과의 관계	
신 청 인 주　　소				e-mail	
				휴대폰번호	
				전화번호	

사망자 · 실종자 · 금치산자 (피상속인) 정보

사망자 등 성명		주민등록번호		사망일(선고일)	

조회 할 금융회사	☐ 금융회사 전체			
	☐ 은행	☐ 생명보험	☐ 손해보험	☐ 금융투자회사
	☐ 여신전문금융회사	☐ 저축은행	☐ 우체국	☐ 새마을금고
	☐ 산림조합	☐ 신용협동조합	☐ 한국예탁결제원	☐ 종합금융회사

구비 서류	☐ 사망자 가족관계증명서(가족, 혼인, 입양, 친양자 등) ☐ 제적등본(2008년 이전 사망자 또는 필요시) ☐ 사망진단서 또는 사망자 기본증명서 ☐ 신청인(대리인) 신분증 ☐ 대리시 상속인위임장 및 인감증명서

위 신청인은 피상속인 등의 법정상속인(대리인) 등으로 휴대폰 인증 등을 통해 금융감독원 홈페이지
에서 통합조회서비스를 제공받는데 동의하며 위와 같이 피상속인 등의 금융거래조회를 신청합니다.

　　　　　　　　　　　　　　　　　　　　　　　　　　　　년　　　　월　　　　일

　　　　　　　　신청인(대리인) :　　　　　　　　　　　　　　　(서명 또는 날인)

접 수 중

신 청 인 : ＿＿＿＿＿＿＿ 귀하

접수번호(비밀번호) : ☐☐☐ － ☐☐ － ☐☐☐☐

신청회사 :	☐ 금융회사 전체			
	☐ 은행	☐ 생명보험	☐ 손해보험	☐ 금융투자회사 ☐ 여신전문금융회사
	☐ 우체국	☐ 상호저축은행	☐ 새마을금고 ☐ 산림조합	☐ 신용협동조합
	☐ 한국예탁결제원	☐ 종합금융회사		

피상속인 등에 대한 금융거래조회신청을 접수하였음을 확인함

　　　　　　　　　　　　　　　　　　　　　　　　년　　　　월　　　　일

　　　　　　　　　　　금융감독원 소비자보호총괄국 국장

※ 조회결과는 금융협회에서 문자메시지 등을 이용하여 신청인에게 통보하고 각 금융협회 홈페이지에
　 게시합니다. 접수 후 7일 경과 후부터 3개월까지 금융감독원 홈페이지(http://www.fss.or.kr) 또는
　 금융민원센터(http://www.fcsc.kr)에서 일괄조회 할 수 있습니다.
※ 금융감독원 홈페이지 또는 금융민원센터에서 일괄조회를 하기 위해서는 휴대폰 번호, 전자우편
　 주소 중 한 가지는 반드시 기재하셔야 합니다.
※ 피상속인 등의 금융거래조회서비스는 어느 금융회사에 거래가 있는지 없는지만 알려드리므로 상
　 세거래내역, 잔액 등은 금융거래유무를 확인한 후 해당 금융회사에 직접 방문하여 확인하셔야
　 합니다.(금융회사에서 신용정보회사 또는 대부업체 등에 매각한 채무현황의 보유유무는 제외됨)
※ 자세한 내용은 '상속인 금융거래조회서비스 안내문'을 읽어보시기 바랍니다.

위 임 장

금 융 감 독 원 귀중

【 수 임 자 】

성   명 :   (주민등록번호 :   )

주   소 :

　　　　상기(수임)자에게 피상속인 등(사망자, 실종자, 금치
산자) ＿＿＿＿＿ (주민등록번호 :   )에
대한 금융거래조회 신청 및 동 조회결과를 통보받는 일체의 행
위를 위임합니다.

붙   임 : 위임자 인감증명서(용도 : 상속인 등 금융거래조회용) 1부.

　　　　　　　　　20 .   .   .

위임자(상속인 등) :   (인감도장 날인)

04_

조상땅 찾기
신청방법

국토교통부(www.eminwon.molit.go.kr) → 민원정보 → 민원서식
(조상땅 찾기 신청)

업무 개요

• 근거법령 : 국가공간정보센터 운영규정 제11조 제3항 및 제4항
• 담당부서 : 국가공간정보센터(연락처 : 02-2110-8339)
• 신청접수 및 처리기관 : 시·도 및 시·군·구청 지적부서

업무 흐름도

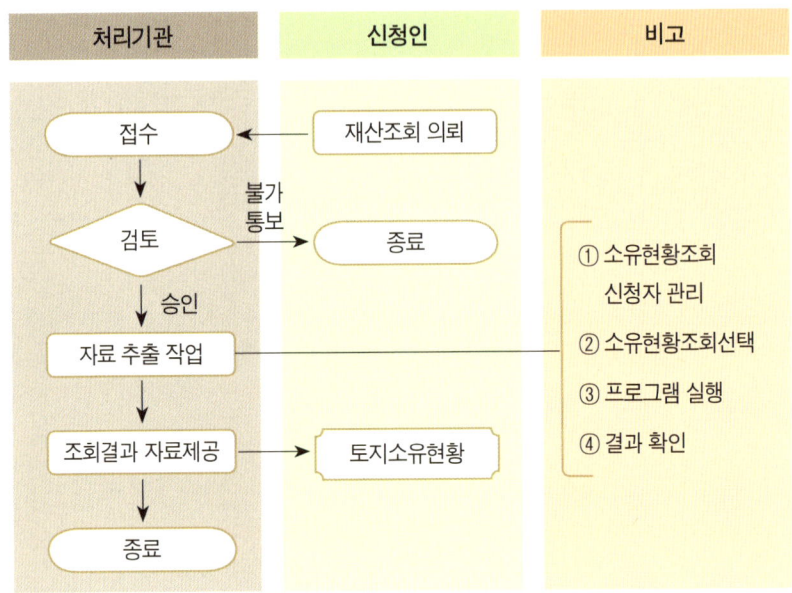

신청인 구비서류 및 수수료

- 구비서류

  〈신청서〉

  - 개인 신청자용 지적전산자료 이용신청서(접수기관 비치)

  〈민원인 구비서류〉

  - 제적등본 또는 가족관계증명서(토지소유자가 사명하여 직계존비속이 신청하는 경우)

- 신청인의 신분증(주민등록증 또는 운전면허증)
- 위임자 및 대리인의 자필서명이 있는 신분증 사본 각 1부와 별지
  제5호 서식의 위임장(신분증이란 주민등록증 또는 운전면허증을
  말함) (대리인이 신청하는 경우)
- 수수료 : 없음

행정기관의 검토

- 정보 주체 또는 대리인의 확인

[별지 제4호서식]

(앞쪽)

개인 신청자용 지적전산자료 이용신청서			처리기간	
			즉시	

신 청 인	성 명		전화번호	
	주민등록번호		정보주체와의 관계	
	주 소			

대 상 자	성 명		전 화 번 호	
	주민등록번호			
	주 소			

신청자료	자 료 범 위	○ 개인정보(프린터 출력, 화면조회) 신청 범위: 전국, 시·도, 시·군·구, 읍·면·동 ○ 지번조회

「국가공간정보센터 운영규정」 제11조제3항에 따라 위와 같이 자료이 용을 신청합니다.

년 월 일

신 청 인 (서명 또는 인)

	처 리 담 당 자	
국토해양부장관 귀하	직급	
	성명	

※ 첨부서류	

1. 제적등본 또는 가족관계등록부(토지소유자가 사망하여 직계존비속
  이 신청하는 경우에만 제출합니다)
2. 신청인의 신분증(주민등록증, 운전면허증)
3. 「국가공간정보센터 운영규정」 별지 제5호서식의 위임장(대리
  인이 신청하는 경우에만 제출합니다)
	수수료
	
	없 음

210㎜×297㎜[일반용지 60g/㎡(재활용품)]

[별지 제5호서식]

위 임 장				
위임자	성 명		전화번호	자택: 휴대전화:
	생년월일			
	주 소			
대리인	성 명		전화번호	자택: 휴대전화:
	생년월일		위임자와 의 관계	
	주 소			

「국가공간정보센터운영규정」 제11조제4항에 따라 위와 같이 정보제공 청구를 위임합니다.

년   월   일

위임자   (서명 또는 인)

국토해양부장관 귀하

※ 첨부서류	수수료
1. 위임자 및 대리인의 자필 서명이 있는 신분증 사본 각 1부 (신분증이란 주민등록증 또는 운전면허증을 말합니다)	없음

210㎜×297㎜[일반용지 60g/㎡(재활용품)]

05_
상속세 절세 전략

1. 상속세 신고는 세무 전문가를 통해 반드시 하라(신고세액공제 10% 적용).

2. 배우자공제를 최대한 이용할 수 있도록 협의분할해야 하므로 세무 전문가와 먼저 상담하라.

3. 배우자의 자산으로 상속세를 납부하도록 하여 향후 재상속의 부담을 감소시켜라.

4. 상속세 조사 시 10년 이내 금융계좌 및 부동산 처분 내역 등을 상세하게 조사하므로 미리 자금흐름에 대해 철저히 대비하라.

5. 상속개시일 2년 이내 자금인출 등 금액이 5억 원 이상이면 상속재산으로 추정되므로 간병비, 생약구입비, 병원진료비, 운전기사 및 가사도우미 인건비 등은 확실하게 챙겨라.

6. 종신보험 등 상속세 재원을 미리 확보하라.

7. 사전증여를 적극 활용하라. 상속인들 이외의 자에게 증여하라 (5년간 합산).

8. 기업운영 시 가업상속공제 요건을 최대한 이용하라.

9. 중소기업을 운영하는 경우 자녀에게 증여하여 신설법인을 만들어라.

10. 명의신탁주식이 있는 경우 빨리 환원하라.

11. 문제 있는 상속의 경우 유언대용신탁을 이용하라.

12. 향후 개정되는 민법 규정을 정확히 이해하고 유언을 하라.

병원 경영지원
Web Program

효율적인 〈스타리치메디〉 프로그램으로 병원 경영을 한 단계 높여드립니다!

문의 | **스타리치메디 경영 지원실** 대표전화 : 02-2051-8477 / 서울특별시 강남구 역삼동 837-9 한진빌딩 5층